지식사회에서 성공하는 비법 30가지

골드칼라의 新연금술

▌ 골드칼라의 新 연금술

1판 1쇄 펴낸 날 | 2007년 11월 12일
1판 2쇄 펴낸 날 | 2007년 12월 14일

지은이 | 황재일
펴낸이 | 박선영

편 집 | 조수연
표 지 | 조수연
교 정 | 조고운
펴낸곳 | 명인문화사

등 록 | 제2005-77호(2005.11.10)
주 소 | 서울시 송파구 석촌동 58-24 미주빌딩 2층
이메일 | myunginbooks@hanmail.net
전 화 | 02-416-3059
팩 스 | 02-417-3095

ISBN | 978-89-92803-01-4
가 격 | 12,000원

지식사회에서 성공하는 비법 30가지

NEW ALCHEMY

골드칼라의

FOR GOLD COLLAR

新 연금술

황재일 지음

명인문화사

추천사 _

윤은기 서울과학종합대학원 총장 / 경영학 박사

지식산업 분야에서 나의 오랜 동지인 황재일 대표가 한국 IBM(주)에서 경영 및 IT 컨설턴트로 일하면서 출간했던 첫 번째 책 『IBM의 한국적 전략정보기획 수립 방법론』도 내가 90년대 전반에 다루던 중요한 토픽이었는데, 그가 10년 만에 집필한 두 번째 책인 이 『골드칼라의 신 연금술』 역시 내가 90년대 중반 이후의 키워드로 삼고 있는 골드칼라의 성공학에 대한 내용이다.

내가 90년대 중반경부터 강조해 온 골드칼라의 개념은 10여 년이 흐르면서 어느덧 세간에서 조금씩 잊혀져 간 듯하고 홍수처럼 쏟아져 나오는 새로운 신조어들에 의해 유행이 지난 빛바랜 용어 취급을 받고 있는 것이 현실이기는 하다. 그러나 저자가 이 책에서 주장하듯이 이 골드칼라의 개념은 여전히 유효하며 오히려 지금이야말로 그 철학적 본질이 꽃을 활짝 피울 시점이 아닌가 여긴다. 그래서 나도 최근 들어 다시 각종 매체에 골드칼라를 강조하는 칼럼들을 다시 기고하고 있기도 하다.

나는 최근 동아일보 시론에 기고했듯이 오늘날 골드칼라로 성공하기 위해서는 첫째로 자아실현을 목표로 자발적으로 일해야 하며, 둘째로 전문성과 창의성으로 가치를 높일 수 있어야 하고, 셋째로 끊임없이 재학습을 통해 기량을 향상시켜야 하며, 넷째로 쉽게 대체되지 않는 핵심 역량을 지녀야 한다고 생각한다.

그런 면에서 이 책은 대한민국의 젊은 지식근로자들이 위의 네 가지 요소를 구체적으로 확보해 나가기 위해 필요한 요령과 지혜들을 알기 쉽고 편안하게 익힐 수 있도록 정리했다는 점에서 좋은 평가를 하고 싶다. 또한 필자가 현장에서 지식근로자로서 직접 경험한 내용들과, 수년 동안 직장인들을 교육 훈련시키는 조련사(필자는 이를 골드칼라를 양성하는 현대판 연금술사로 재치 있게 표현하고 있다) 역할을 하면서 터득한 성공의 요점들을 망라해 놓고 있다.

내가 이 책의 원고를 읽고 느낀 점은, 마치 이 책은 시중에 나와 있는 수많은 자기계발 서적들의 요점들을 잘 정리해 놓은 다이제스트와 같다는 것이다. 그러니 그 많은 서적들을 다 읽기에 시간이 부족한 지식근로자들은 이 책 한 권만 독파하면 수십 권의 책을 읽은 것과 같은 효과가 있지 않을까 생각한다.

아무쪼록 이 땅의 많은 지식근로자들이 이 책을 통해 열정과 경쟁력을 지닌 골드칼라들로 성장하는데 도움이 되길 바라며, 더 나아가 대한민국이 지식강국이 되는데 밑거름이 되기를 기대한다.

_ CONTENTS

제_1_부   도 입

New Alchemy
for Gold Collar

대박을 꿈꾸는 평범한 직장인들에게 바치는 응원가_

서울에서 올림픽이 열리던 1988년, 제6공화국 대통령으로 취임한 노태우 전 대통령은 통치철학을 표현하는 키워드로 '보통사람'이란 말을 내세웠었다. 그가 낸 책의 제목처럼 '위대한 보통사람들의 시대'를 만들겠다고 장담하던 그의 외침이 아직도 귀에 쟁쟁하다. 그러나 20년 가까이 지난 지금 대한민국의 보통 사람들의 현주소는 어떠할까?

요즘은 대한민국이 '연예 공화국'이란 자조 섞인 말들도 들린다. 온 세계가 지식사회로 변모해 가는 가운데, 우리나라에선 지식이 있건 없건 상관없이 적당히 경력을 포장한 뒤 TV를 통해 어떻게든 한 번 뜨는 것이 인생을 역전시키는 지름길이 되고 있다. 일단 스타가 되면 원하는 모든 것을 가질 수 있는 것처럼 보이는 세상이다. 문제는 그 뒤안길에서는 매일 그 스타들을 바라보는 보통사람들의 박탈감이 더욱 커져만 가고 있다는 점이다.

특히 매일 아침 지하철에서 시달리며 출근해서 하루 종일 상사의 꾸지람과 고객의 불평 속에 전전긍긍하다가 저녁이면 파김치가 되어 퇴근하며 살아가는 직장인들에게 있어서는, 잠깐잠깐 바라다보는 TV 속의 세상은 더더욱 '봉급쟁이로 살아가는 보통 인생'에서 탈출하고픈 충동을 점점 더 강하게 느끼게 하고 있다. 소위 대박 신드롬이다. 로또복권과 주식과 부동산 등을 통해 매일 우리는 대박의 꿈을 꾸면서 일상의 고달픔을 달래가고 있는 중이다.

그런가하면 좀 더 현실적이고 성실한 지식근로자들을 위해 매일같이 수많은 자기계발서들이 서점가에 쏟아져 나오고 있다. 그 책들은 한결같이 "당신도 원하는 멋진 인생을 살 수 있으니 자신감을 가지고 도전하라"고 주장한다. 하지만 그런 책을 쓴 이들의 면모를 살펴보면 그들은 나와 같은 보통 사람들이 전혀 아닌 것을 어쩌랴? 그들은 타고난 글 솜씨와 리더십 혹은 언변, 아니면 특출 난 재주나 불굴의 의지를 지닌 사람들이 아니던가? 나는 그것들 중 아무 것도 가진 것이 없는 것 같다. 그러니 저들의 주장하는 바가 여전히 나와는 상관없는 소수의 선택된 이들만을 위한 것처럼 들릴 뿐인 것이다. 아, 어찌하면 우리도 이 지긋지긋한 '보통 사람'의 쳇바퀴 도는 인생에서 벗어나 꿈의 날개를 타고 훨훨 날아 볼 것인가?

이 느낌은 20년 가까이 직장생활을 하던 필자 스스로가 오랫동안 느껴 온 소감을 솔직하게 표현해 본 것이다. 오죽하면 필자는 지금도 휴대전화의 컬러링(발신음)으로 조용필의 「킬리만자로의 표범」의 한 구절을 사용하고 있을까.

> 바람처럼 왔다가 이슬처럼 갈순 없잖아 / 내가 산 흔적일랑 남겨둬야지 / 한줄기 연기처럼 가뭇없이 사라져도 / 빛나는 불꽃처럼 타올라야지 / 묻지 마라 왜냐고 왜 그렇게 높은 곳까지 / 오르려 애쓰는지 묻지를 마라 / 고독한 남자의 불타는 영혼을 / 아는 이 없으면 또 어떠리.

이 책을 손에 쥔 독자에게 강조하고 싶다. 이 책을 쓴 저자도 오십 평생 스스로의 '평범함'에 안타까움을 느끼면서 살아 온 대한민국의 보통 사람이라는 사실을 말이다. 그런데 저자는 지난 몇 년 동안 직장인들의 자기계발을 도와주는 '산업 강사'일을 하면서 오히려 내 강의에 나 자신이 가르침을 받는 놀라운 경험을 하게 되었다. 그러면서 나의 평범한 일상 속에 내가 꿈꾸던 '대박'이라 할 수 있는 풍요로운 삶이 보물처럼 숨어있음을 발견한 것이다.

그리하여 이런 나의 경험과 깨달음을 내 평범한 이웃들에게 들려주는 책을 내고자 하는 결심을 하게 되었고, 덕분에 또 하나의 나의 꿈을 이루어 내가 산 흔적일랑 남겨 둘 수 있게 되었으니 이야말로 내 인생의 또 하나의 대박이 아니겠는가.

이 책에는 필자가 그 동안 읽었던 수백 권의 자기계발 서적들의 내용 중 개인적으로 스스로 삶에 적용이 가능했던 내용들, 그러니까 다시 말해 나 같은 평범한 보통 사람들도 실천이 가능한 원리들이 '다이제스트'처럼 정리되어 있다고 보면 될 것이다. 그리고 필자가 인력개발 컨설턴트로서 현장에서 직장인들에게 강의하기 위해 쉽고 재미있게 정리하고 포장한 것이 특징이라면 특징이다. 글재주가 그리 뛰어나지 않아서 그저 바로 앞에 독자가 내 강의를 듣기 위해 앉아있다 생각하고 편안하게 옛날이야기 하듯 그렇게 써내려갔음을 밝힌다.

한 가지 약속할 수 있는 것은, 만일 독자가 이 책을 진지하게 읽고, 그 중 몇 가지 지혜나 원리를 실천에 옮길 수만 있다면 적어도 독자도 나처럼 풍요로운 인생을 살아가고 있다는 영혼의 배부름을 느낄 수 있게 될 것이라는 점이다. 독자가 현재 이태백이라면 직장을 얻는데 도움이 될 것이고, 삼팔선이나 사오정 언저리에서 전전긍긍하고 있다면 새로운 열정과 자신감 혹은 비전을 얻게 될 것이고, 이미 오륙도 낙인이 찍혀 (혹은 그런 소리가 듣기 싫어서) 직장을 등지고 험난한 세상에 뛰어들어 고군분투하고 있다면 '화백(화려한 백수)'의 비결을 배우게 될 것이다. 이런 마음의 부자들을 일컬어 우리는 '골드칼라'라 부르는 것이다.

정보화 사회 혹은 지식 사회에서 중추 역할을 하는, 열정과 창의력으로 무장한 지식근로자들을 일컫는 용어로 '골드칼라(Gold Collar)'라는 말이 우리 한국사회에 관심의 대상이 된 것은 이미 90년대 중반 경으로 독자 중 일부는 이미 '유행이 지난' 개념으로 느낄 수도 있겠다. 그런데, 저자의 생각은 좀 다르다. 언제나 새로운 경영학적인 (혹은 사회학적인) 용어가 눈부신 조명을 받을 때는 실제 현장에서는 오히려 그 개념이 뜬구름 잡는 것처럼 들리기 쉽고 구현이 잘 안되다가 무언가 새로운 용어가 다시 등장하는 바람에 뒤안길로 밀릴 즈음이면 그제야 실제로 우리네 '보통 사람'들에게도 그 용어가 추구하는 목적이 구체적으로 손에 잡히기 시작하곤 한다고 믿는 것이다(이 책 본문에는 이에 대한 구체적 사례가 제시되고 있다).

지난 2000년도에 삼성경제연구소가 새삼스럽게 "골드칼라의 부상"이라는 자료를 발표한 것이나, 바로 얼마 전(2007년 6월) 우리나라에 골드칼라란 용어를 확산시켰던 장본인 중 한 분인 윤은기 총장이 동아일보 시론에 "골드칼라가 되라"는 글을 기고한 것 등은 필자의 이러한 시대적 감각과 일치하는 현상이라 보는 것이다. 즉, 지금이야말로 대한민국의 '보통' 직장인들이 골드칼라에 대한 개념으로 다시금 무장해야 할 때이며 이 골드칼라라는 용어의 부활도 함께 도전해 보아야 할 때라고 믿는 것이다.

그와 더불어 이 책은 나름대로의 또 다른 상징어를 동원했는데, 그것은 '연금술'이란 용어이다. 황금을 만들어내는 전설적 기술인 연금술과 평범한 직장인들의 몸값을 여러 배로 키워 경쟁력 있는 골드칼라로 육성해 내는 기술은 서로 통한다고 보는 취지이다. 저자가 20년 동안의 직장생활과 그 중 10년간의 경영 컨설팅 생활, 그리고 6년간의 직장인들을 대상으로 한 산업 강사 생활을 하며 정리한 30가지 원리 혹은 교훈들은 충분히 '21세기의 연금술'이라 부를 만한 가치가 있다고 감히 주장해 본다.

끝으로, 이 책이 나오기까지 몇몇 분들에게는 평생 잊지 못할 은혜를 입었음을 밝힌다. 추천사를 기꺼이 써 주시며 격려해 주신 윤은기 총장님과, 출판사 연결을 위해 자기 일처럼 신경을 써 주신 중앙일보 안희창 부국장님, 그리고 책이 나오기까지 산고를 마다하지 않으신 명인문화사 박선영 대표님 등 세 분께 특별한 감사를 드린다.

그리고 날카로운 피드백으로 늘 더 높은 수준을 추구하도록 채찍질(?) 해주는 나의 평생 옆지기 유현숙에게 사랑과 감사의 고백을 하고 싶다.

New Alchemy
for Gold Collar

제_1_부

도 입

"자아의 신화를 이루어내는 것이야말로
이 세상 사람들에게 부과된 유일한 의무지.
자네가 무언가를 간절히 원할 때
온 우주는 자네의 소망이 실현되도록 도와준다네."

– 코엘료의 『연금술사』 중에서

1_연금술사와 골드칼라_

전설적 직업 중에 연금술사라는 것이 있다. 요즘은 만화책을 통해 더 잘 알려진 이 단어는 평범한 철이나 납들을 특별한 비법을 이용하여 화학적 변화를 거쳐 금으로 만들어내는 사람들을 의미한다. 옛 서적들에 적지 않게 등장하는 꿈의 기술을 가진 사람들이다. 만일 이 세상 어느 곳엔가 연금술사가 존재만 한다면 모든 것을 바쳐서 찾아가 엎드려 제자가 되겠다고 조르고 싶지 않을까? 그래서 연금술의 비법을 전수 받을 수만 있다면 얼마나 신나는 일일까?

물론 과학 문명의 시대인 오늘날, 연금술이나 연금술사란 말은 실제로는 존재하지 않는 전설에 불과하다고 우리는 학교에서 배웠다. 그렇기 때문에 아직도 그런 환상에 젖어서 연금술사가 되겠다고 시도하는 사람은 이제 만화책이나 동화책 속에서나 존재할 것이다.

하지만, 필자는 감히 자신이 현재 연금술사라고, 아니 최소한 연금술사가 되려고 노력

Sir William Fettes Douglas:
The Alchemist

하고 있는 사람이라고 주장하고 싶다. 하지만 망상에 사로잡힌 사람이라고 비웃기 전에 잠깐만 더 내 이야기에 귀를 기울여주기 바란다. 나는 납을 가져다 금을 만드는 그런 연금술사가 아니고, 사람을 교육하고 훈련하여 골드칼라가 되게 하는 그런 의미의 연금술사가 되고자 한다는 말이다. '골드'를 만들지는 못해도, '골드칼라'를 만들고 그래서 궁극적으로는 황금이 가져다주는 것보다 더 가치 있는 진정한 의미의 부(富)를 만들어내는 그런 직업 말이다.

물론, 서문에서 이미 밝혔듯이 일부 독자는 '골드칼라(Gold Collar)'라는 용어에 대해서 이미 유행이 지난 것처럼 식상한 느낌을 가질 수도 있다. 하지만 이렇게 '낡은' 느낌이 드는 용어를 구태여 끄집어내어 재활용하는 위험을 무릅쓰는 것 역시 충분한 이유가 있다. 오늘날 우리는 워낙 빠르게 수많은 새로운 유행어들이 쏟아져 나왔다가 또 순식간에 용도 폐기되어 버리는 세상에 살고 있다. 하지만 필자가 20여년 소위 지식근로자로 살아오면서 발견하는 교훈 중 하나는, 현재 시점에서 화려한 조명을 받고 있는 용어나 콘셉트는 우리네 보통 사람들에게는 적용하기 힘든 뜬구름 잡는 얘기에 불과하고 오히려 조금 지나서 새로운 유행어에 밀려나 버린 용어야말로 차라리 현실에 적용하기가 쉽고 실질적인 도움을 주는 경우가 많다는 사실이다.

예를 들어, 과거 80년대와 90년대를 IT 업계에서 컨설턴트로 일해 온 필자가 관찰한 그러한 현상을 정리해 보면 다음과 같다.

- 1980년대 초에 전문가들이 MIS(Management Information System: 경영정보시스템) 개념을 주장할 때, 시장은 컴퓨터를 단순한 고속 계산기로 활용함으로써 생산성 향상 정도의 혜택을 누리고 있었고,

- 1980년대 말에 전문가들이 SIS(Strategic Information System: 전략정보시스템) 개념을 주장할 때, 시장은 단순한 사내업무 통합을 통한 정보의 가공을 활용하고 있었으며,

- 1990년대 초 전문가들이 BPR(Business Process Reengineering: 비즈니스 리엔지니어링) 개념을 주장할 때, 시장은 그제야 정보기술이 경쟁무기가 될 수 있음을 실감하였고,

- 1990년대 말 전문가들이 e-Business 개념을 주장할 때, 시장은 업무혁신을 통한 생산성의 획기적 향상이 가능함을 인정했으며,

- 2000년대 중후반에 들어선 지금, 전문가들이 또 다른 새로운 개념을 마구 쏟아내고 있는 상황에서 시장은 인터넷을 통한 비즈니스 모델의 가능성을 실감하기 시작하고 있다.

이만하면 필자가 왜 이 골드칼라의 '재활(revival)'을 시도하려는지 얼마간은 이해가 되었으리라 본다. 아니, 필자의 주장만으로는 아직 반신반의하는 독자들에게는 책을 덮기 전에 다음 장을 하나만 더 읽어 보기를 권한다. 다음 장에서는 필자뿐만 아니라 내로라하는 전문가들이 여전히 이 용어의 중요성을 여전히 강조하고 있는 사례들을 제시할 것이다.

그런데 또 한 편에서는 반대로 '도대체 그 골드칼라라는 게 무엇

이냐?'라고 고개를 갸우뚱하시는 분들도 아직 적지 않게 있음을 간과할 수 없다(최근 필자가 경영하는 회사의 닉네임을 '골드칼라 양성소'라고 해서 명함에 새겨 넣었더니 어떤 분은 'xx칼라 현상 소'를 연상하고는 웬 사진관을 차렸느냐고 묻기도 했다. ^^;;). 이런 독자들을 위해 다시 한 번 이 용어의 의미를 정리하는 것 또한 다음 장으로 넘어가기 전에 필요하다고 생각한다.

예전엔 사무직에 종사하는 사람들과 생산직에 종사하는 사람들을 구분하여 일컫기를 화이트칼라, 블루칼라라고 하였음은 잘 알려진 사실이다. 그런데 90년대 중반쯤 해서 이 골드칼라라는 새로운 말 이 등장했다. 골드칼라라고 불리는 사람은 생산직이든 사무직이든 상관이 없다. 다만, '목구멍이 포도청이라 하기 싫은 일을 억지로 하면서 사는 사람, 그래서 아침에 출근하려면 스트레스를 팍팍 받는 사람, 그러다보니 상관이 시키는 일만 간신히 해 내고 스스로 일을 찾아서 할 줄 모르는 사람 ……'들과 정반대되는 사람들을 가리켜 골드칼라라고 부르기 시작한 것이다. 다시 말해서, **자기 일에 스스로 열정을 가지고 몰입하는 진정한 의미의 프로들을 표현하는 하나의 닉네임**이라고 보면 되겠다.

결국, 내가 말하는 **연금술사란 어떤 형태든지 경제활동을 하며** 살아가는 이 땅의 '젊은이'들 - 여기서 젊은이란 실제 나이와 상관 없이 청년정신을 가진 모든 분들을 의미 - 에게 프로들이 갖추어야 할 정신과 기술, 태도, 습관 등을 학습시킴으로서 그들을 '골드칼라' 의 자질을 갖춘 이들로 업그레이드 시키는 일을 하는 사람을 의미한다. 그리고 나는 그 길을 천직으로 알고 혼신의 열정을 가지고 살아가는 사람이라고 스스로를 소개하고자 하는 것이다.

관련된 이야기를 하나만 더 소개하고자 한다. 신약성서에 보면 예수가 보여준 많은 기적의 이야기가 나온다. 그 중 그가 가장 처음 행한 기적은 어느 집의 결혼식 피로연장에서 물을 포도주로 변하게 한 사건으로 기록되어 있다. 예수의 첫 기적인 물을 포도주로 만든 이 이야기야말로 내가 말하는 연금술과 다를 바 없는 동일한 메시지를 우리에게 전해준다.

물은 특별한 맛도 없고 색깔도 없으며 냄새도 없다. 하지만 포도주는 어떠한가. 매력적인 색깔과 맛을 지니고 있다. 마시면 기분이 좋아진다. 식사 때 조금씩 마시면 위장에도 좋다고 한다. 요즘 나온 학설에 의하면 심지어 암을 예방하는 효과도 있다고 한다. 뿐만 아니라 요즘 사교계에선 와인이 사람을 사귀는 데 있어서 매우 중요한 매개체 역할을 하고 있기도 하다.

그렇다. 특징도 없고 별로 비전도 없이 그저 그렇게 살아가는 평범한 사람들을 훈련과 교육을 통해 맛과 멋이 있고, 경쟁력이 있으며, 사회와 국가, 그리고 기업에 쓸모 있는 프로들로 변화시킬 수만 있다면 이것이야말로 기적에 해당하는 멋진 일이 아닐 수 없다.

나는 20년 가까이 해오던 직장생활을 청산하고 대망의 21세기가 시작되는 첫 해에 그런 일

을 시작했다(이런 변신을 하게 된 조금 더 자세한 개인적 이야기는 제1부 마지막 장에서 하려고 한다). 덕분에 나는 스스로 진정한 골드칼라가 되었다는 자부심도 가질 수 있게 되었고 이제는 더 나아가 연금술사의 길이 내 남은 생애의 엄숙한 사명이라 여기며 살아가게 된 것이다. 그렇게 6년이 넘게 뛰어 다니며 대한민국의 직장인들을 상대로 강의와 컨설팅을 하면서 나름대로 축적한 다양한 지식이나 성찰, 또는 에피소드들을 책으로 엮어내게 되었다. 아마 이 글들을 읽다 보면 당신도 어느새 골드칼라나 혹은 연금술사가 되어 있을지도 모를 일이다. 이 책을 통해 다만 몇 명의 골드칼라라도 만들어지는 '기적'이 일어난다면 나는 행복할 것이다. 그들이 세상을 변화시키고 대한민국을 강대국으로 만들어 낼 기둥들이 될지 누가 알겠는가?

〈골드칼라〉에 대한 백과사전의 정의

황금처럼 반짝반짝하는 기발한 아이디어와 창조적 사고로 새로운 질서를 주도하는 사람들을 말한다. 넓은 의미로 어디에서건 '자신만이 할 수 있는 일'을 하는 사람들이다. 즉 적성에 맞는 분야에서 반짝이는 아이디어로 무장하고 자발성과 창의성을 발휘하여 새로운 가치를 창조하는 사람들이다. 서비스, 정보통신, 금융, 광고, 서비스, 첨단기술 관련 분야에서 최근 들어 급부상하고 있는 신직업인들이 바로 골드칼라에 해당된다고 할 수 있다. 대표적 인물로는 마이크로소프트사의 빌 게이츠나 영화감독 스티븐 스필버그를 들 수 있다. 국내에서는 만화가, 컴퓨터 프로그래머, 그래픽 디자이너, 자동차 판매왕, 신상품 개발의 주역 등이 골드칼라에 해당된다.

이전 시대를 대표하는 직업군은 단순 육체노동자를 상징하는 블루칼라와 정신노동자인 화이트칼라였다. 이에 비해 골드칼라는 아이디어 노동자로 지식창조형 전문가들이다. 육체적인 힘이나 학력, 경력, 자격증과는 관계없이 금빛 아이디어가 골드칼라의 최대 무기이다.

골드칼라라는 말을 처음 사용한 것은 카네기멜론대학의 로버트 켈리 교수로 1985년 출판된 그의 저서 『골드칼라 노동자』라는 책에 이 말이 소개되었다.

아직 뚜렷하게 학문적인 정의가 내려진 말은 아니지만 21세기의 주도 계층을 상징하는 말로 자리 잡고 있다. 또한 직원의 창의성을 살리기 위해 출퇴근시간, 복장 등에서 최대한 자율성을 보장해 주는 회사를 '골드회사'라고 한다.

† 출처: 두산백과사전(http://www.encyber.com)

New Alchemy
for Gold Collar

 ## 2_골드칼라의 조건_

최근 들어 우리 사회에 청년 실업자들이 심각할 정도로 늘어나고 있는 현상에 대한 우려의 목소리가 높음은 주지하는 사실이다. 나도 입시 전쟁을 치른 두 자녀의 아버지이지만, 우리 젊은이들은 대학에 들어가기 위해 본인뿐만 아니라 부모와 학교가 모두 동원되어 전쟁을 치르다시피 해야만 한다. 그런데 그렇게 어렵게 들어간 대학에서 2~4년 동안 또 적지 않은 돈과 젊은 시절의 귀중한 시간을 투자했지만, 여전히 사회에 나와 '팔려가지 못하는' 신세로 전전긍긍하고 있다면 이건 단순히 불황 때문인가, 아니면 대학 교육의 문제인가를 심각하게 고민해 보아야 한다.

오늘날 대학을 나온 젊은이들이 '골드'를 확보하기 위한 가장 일반적이고 전형적인 길은 기업에 '잘 팔려 가는 것'이다. 『논어』 자공편에 보면 스승과 제자 간에 다음과 같은 대화가 나온다.

> 자공이 말하기를 "여기 아름다운 옥이 있다면 이것을 궤 속에 넣어 감춰 두겠습니까, 아니면 좋은 값을 받고 파시겠습니까?" 라고 묻자, 孔夫子는 "팔아야지 암 팔고말고. 나는 제값을 받기를 기다리는 사람이다"라고 말했다.

'골드칼라'란 비싼 값에 잘 팔려갈 수 있는 인재를 의미하기도 한다고 볼 수 있다. 따라서 오늘의 수많은 젊은이들이 직장을 구하기 위해 오늘도 눈에 불을 켜고 뛰어 다니고 있지만 잠시 멈추어서서 스스로에게 자문을 해 볼 일이다. '나는 '골드칼라'의 자격이 있는가?'라고 ……

얼마 전 모 일간지 기사에 이에 대해 잘 정리된 기사가 실렸다. 이를 소개한다.

기업채용은 이미 과거 '그물형 공채'에서 '낚시형 수시채용'으로 바뀌었으며, 이제는 '핵심인재'만을 콕 찍어서 선발하는 '작살형' 채용으로 변하고 있다. 그렇다면 기업에서 원하는 '핵심인재'는 어떤 능력을 갖춘 사람인가.

정보기술(IT) 지식과 활용능력은 이미 기업에서 요구하는 기초능력이 됐다. 따라서 이제는 기존 업무를 IT를 기반으로 융합할 수 있는 '복합형인재'가 필요한 시대다. 과거 기획직의 경우 전략수립 및 고객과 업계에 관한 지식이 주로 요구됐으나, 정보화시대에서는 고객과 기업의 쌍방향 커뮤니케이션을 기반으로 한 정보 활용력이 필요한 요건이 됐다.

마케팅직의 경우 급변하는 고객의 요구를 분석해내는 능력과 정보 활용, 네트워크 능력을 기반으로 한 **문제해결 능력**이 중요한 채용의 잣대로 작용하고 있다.

또 영업직은 이익창출에 앞서 **시장분석, 전략적 사고능력** 등 논리적인 사고를 주요 능력으로 평가하고 있다. IT 시스템직도 IT 전문능력이외에도 전략기획 능력, **컨설팅 능력**까지 갖추길 원한다.

기업은 정보화에 기반을 둔 직무역량 이외에도 인성평가를 통해 구직자의 성향과 직무에 임하는 자세를 평가한다. 따라서 구직자는 기업에서 원하는 핵심인재의 인성과 나는 얼마나 차이가 있는가를 파악해야 한다.

기업은 첫째, 전략적이며 **혁신적인 사고**를 갖추었는가. 둘째, **변화관리능력**이 있는가. 셋째, 미래의 비전을 제시하는 능력은 어느 정도인가를 평가한다. 구직자들은 이 같은 기업의 변화추세를 읽고 기업에서 원하는 직무별 핵심 인력 역량을 항목별로 파악해 본인이 부족한 부분을 채우는 노력이 꼭 필요하다.

† 출처: 『한경리크루트』. 2003-05.

위의 기사 인용문 중 강조 표시를 한 부분들을 눈여겨보면 그것들이 바로 골드칼라가 갖추어야 할 기본적 소양들임을 일단 짐작할 수 있다. 이제 더 이상 이러한 소양들이 경영학을 전공하는 학생들만 배우면 되는 과목이 아니라는 사실에 주목해야 한다. 이러한 주제들은 전공과 관계없이 이 치열한 경쟁의 시대에서 생존하기 위한 기초 과목들로 자리 잡았음은 너무도 명백하다.

이번에는 2000년도에 삼성경제연구소에서 '골드칼라의 부상'이란 제목으로 발표한 자료에 대해 잠깐 살펴보기로 하자. 우선 다음의 표는 골드칼라와 다른 집단을 비교해 본 표이다.

● 골드칼라와 다른 집단의 비교

	창의력에 기반하는 두뇌활동	자기연마를 통해 전문성 획득	개인을 백업 (Back up) 하는 집단력	철저한 성과와 보상 추구
프로스포츠	×	◎	◎	◎
지식인	◎	△	△	×
개인발명가	◎	△	×	◎
블루칼라	×	△	◎	△
화이트칼라	△	△	△	△
골드칼라	◎	◎	◎	◎

† 출처: 삼성경제연구소, *CEO Information*, 제 250호, 2000-6-14.

결국 진정한 골드칼라가 되려면 다음의 네 가지 조건을 모두 갖추어야 한다고 말할 수 있겠다.

- 창의력을 바탕으로 한 두뇌활동
- 자기 연마를 통한 전문성 획득
- 자신을 지원하는 인맥 확보
- 철저한 성과와 보상 추구

골드칼라의 조건에 대해 한 가지만 더 소개하기로 하자. 최근 (2007년 6월) 필자의 역할 모델(Role Model)을 오랜 세월 해왔던 존경하는 선배 윤은기 총장이 동아일보에 기고한 칼럼에서는 골드칼라가 되기 위해 다음의 네 가지를 추구해야 한다고 지적하고 있다.

골드칼라는 첫째로 자아실현을 목표로 자발적으로 일해야 하며, 둘째로 전문성과 창의성으로 가치를 높일 수 있어야 하고, 셋째로 끊임없이 재학습을 통해 기량을 향상시켜야 하며, 넷째로 쉽게 대체되지 않는 핵심 역량을 지녀야 한다는 점이 특징이다.

† 출처: 동아닷컴, 윤은기 총장의 시론, "골드칼라가 되라" 중에서

이제 이 장의 결론을 말하고자 한다. 아직 '팔려가지' 못한 젊은 이들이나, 더 높은 값에 팔려나가기를 원하는 직장인들, 그리고 자신의 일에 대해 열정을 느끼지 못하고 마지못해 일하고 있는 직장인들은 (그리고 직장에서 밀려나 의기소침해져 있는 '사오정', '오륙도'의 희생자들까지도) 제발 끝까지 이 책을 읽어 달라고 간절히 부탁한다. 그대 안에 그대도 놀랄만한 잠재능력이 숨어있음은 너무도 분명한 진실이다.

New Alchemy
for Gold Collar

3_치카포카 할래, 죽을래?_

"옛날에 어떤 사람이 일을 마치고 귀가하려면 고개를 세 개 넘어야 했습니다. 그런데 어느 날 야근을 하고 달빛이 교교한 밤에 퇴근을 해서 고개를 넘고 있었습니다. 첫째 고개를 넘는데 도깨비가 나타나서 위협을 가했습니다. '너 치카포카 할래? 죽을래?' '치카포카가 뭡니까?' '그건 알 필요 없어. 무조건 선택해. 치카포카 할래? 죽을래?' 잠시 생각하니 치카포카가 뭔지는 몰라도 죽는 것보다는 나을 것 같았지요. '그럼 치카포카 할게요.' '그래? 그럼 뒤로 돌아' 하더니 도깨비는 그 사람의 엉덩이 사이를 양 손가락을 모아 엄청난 세기로 찔렀답니다. '똥침'이라는 것이지요. 얼마나 아팠던지 그 사람은 눈물을 흘리며 첫째 고개를 넘어갔습니다. 그런데 이 도깨비가 둘째 고개에서 또 나타났습니다. 그리곤 또 묻습니다. '치카포카 할래? 죽을래?' 정말 힘들었지만 이번에도 그는 치카포카를 선택할 수밖에 없었습니다. 그랬더니 이 무정한 도깨비는 이번엔 글쎄 그걸 두 번씩이나 놓았습니다. 이 불쌍한 양반은 엉금엉금 기다시피 둘째 고개를 넘었지요. 세 번째 고개, 도깨비가 또 나타났을까요? '당근'이지요. 그럼 이번엔 이 사람이 무얼 선택했을까요? 예, 그놈의 치카포카가 이젠 너무 무서워서 차라리 죽겠다고 했답니다! 그랬더니 도깨비가 어떻게 했는지 아세요? '이리 와. 죽을 때까지 치카포카다!'"

필자가 강의 시간에 수강자들에 자주 하는 '옛날 얘기' 중 하나이다. 물론 그냥 재미만 있으라고 하는 얘기는 아니다. 강의 시간에 하는 이야기들은 아무리 웃기는 유머나 농담일지라도 언제나 그 안에 전달할 메시지와 교훈이 담겨 있어야 한다. 위의 것은 '변화와 혁신'에 대한 강의에서 나오는 예화이다. 즉, 오늘날 우리 삶의 모습을 송두리째 바꾸어 놓고 있는 정보기술이란 괴물이 나타나 우리에게 "변화할래, 죽을래?"하고 위협하고 있는 현실을 비유한 것으로 필자는 이해하는 것이다.

앞 장에서 골드칼라가 되기 위한 조건으로 세 가지 자료를 인용했는데, 모든 자료에서 등장하는 것이 '끊임없이 창의력을 개발하고 재학습을 통해 역량을 향상시켜야 한다'는 조건이다. 만일 우리가 변화를 거부하고 차라리 죽음을 선택하겠다고 하면(가끔 그런 소리를 듣는다. "나 좀 내버려 둬! 이대로 살다가 이대로 죽을래") 오늘의 냉엄한 현실은 우리에게 "너 죽을 때까지 변화해야 해"라고 차갑게 쏘아댈 것이다.

사실 우리는 요즘 '변화와 혁신'이라는 말을 너무도 자주 듣는다. 너무 자주 듣다보니 이제는 아예 식상할 정도이다. 그러나 이럴 때일수록 우리는 정말 조심해야 한다. 여름에 홍수가 나서 온 사방 천지에 물이 범람할 때 사람들의 생존에 가장 필요한 것이 무엇인 줄 아는가? 마실 물이다. 얼마나 역설적인가? 바로 그렇다. 우리 주변에 변화란 말이 범람해서 우리를 무감각하게 만들 때 정작 우리 생존의 필수요소가 바로 진정한 의미의 변화인 것이다.

그런 의미에서 한 전문가의 말을 인용해 보자. 미국의 저명한 저술가이자 강사인 다릴 코너(Daryl Conner)는 다음과 같은 말을 했다.

Entering the era of perpetual unrest means confusion, mixed feeling and ambiguity are here to stay. The ability to perform in highly ambiguous situations is, therefore, a core competency for those on a nimble team.

우리는 지금 영속적인 격동의 시대를 맞이하였다. 혼돈과 복합적 감정, 애매모호함 등이 우리 곁에 머물러 있다. 이러한 고도의 혼돈 속에서 과업을 수행할 수 있는 능력은, 21세기에 앞서 가는 조직들의 필수적 역량으로 요구되고 있다.

† 출처 : 필자가 번역한 IBM의 교육자료 중

말 그대로 변화는 이제 선택이 아닌 필수 항목임을 단적으로 드러낸 말이다. 이 주장은 TV에서 나온 한 장면을 연상시키기도 한다. 한 분야에서 소위 '고수'가 된 사람들의 모습을 보여주는, '달인'들을 취재하여 보여 주는 프로그램들을 독자는 잘 알고 있을 것이다.

언젠가 나이트클럽에서 웨이터로 일하는 한 젊은이를 취재했었다. 그는 한쪽 어깨 위에 술병과 잔 등을 3단으로 쌓아 올린 무거운 짐을 거뜬히 든 채로 놀이터의 상하 좌우로 쉼 없이 기우뚱거리는 원반 위에서 3분간 균형을 잡고 서 있는 묘기를 보여 주었다.

오늘날 골드칼라들에게는 바로 그러한 능력이 요구된다 하겠다.

즉 혼돈스러운 변화의 소용돌이 속에서 균형을 잃지 않고 과업을 수행해 낼 수 있는 능력 말이다.

그렇다면 어떻게 하면 이 엄청난 변화의 소용돌이 속에서 균형을 잃지 않고 과업을 수행해 낼 수 있을 것인가? 사실 이 '어떻게'라는 질문에 답을 주기 위해 수많은 전문가들이 수많은 책들을 써내고 있다. 하지만 그러한 수백 쪽짜리 자기계발 지침서들을 수백 권 읽고 모조리 실천만 한다면야 누군들 못해내랴? 우리의 인내심과 여건이 그렇지 못하니 문제가 아니겠는가? 그래서 여기서 연금술사는 단 두 가지 원칙만을 제시하고자 한다. 이 두 가지만 외우시라. 그리고 실천하시라. 그러면 적어도 변화에 대응하는 면에서는 독자도 반드시 골드칼라가 될 것이다.

자, 그런데 이 두 가지 원칙을 공개하기 전에 우선 독자에게 한 가지 질문을 던져본다. 자전거를 처음 배우는 이에게 자전거 타는 법을 가르쳐 주고자 할 때 어떤 얘기를 먼저 들려주어야 할까? 어떤 교훈이 자전거를 빨리 배울 수 있게 해 줄까? 필자가 강의 중 수강생들에게 이와 같은 질문을 하면 다양한 대답이 나온다. '멀리 보라고 한다', '페달 밟는 것을 멈추지 말라고 한다', '균형을 잘 잡으라고 말한다' 등등 ……. 그런데 요즘 들어 첫 번째 답은 쉽게 찾아내는 편이다. 즉, '겁내지 말라. 내가 뒤에서 잡아 줄 테니 ……'이다. 아마 이것은 TV 광고 영향인 것 같다. 어쨌든 이 말이 첫 번째 답인 것은 틀림이 없다. 처음에 넘어질 것에 대한 두려움만 극복하면 자전거 타는 법을 벌써 반은 정복한 셈이다. 그런데 두 번째 답은 그리 쉽게 나오지는 않는다. 하지만 자전거 교습전문가에게 (이런 직업이 있다면 말이다) 묻는다면 두 번째 답이 바로 나올 것이다. 그것은, '넘어지는 쪽으로 핸들을 틀도록 의식적으로 노력하라'는 것이다. 처음 배우는 사람은 본능적으로 넘어지려고 할 때 반대편으로 핸들을 틀려고 한다. 그런데 공교롭게도 그렇게 하면 더 쉽게 넘어진다. 오히려 우리의 본능적 상식과는 반대로 움직여야만 넘어지는 것을 방지할 수가 있는 것이다.

왜 연금술사는 갑자기 자전거 타기 교습을 하고 있을까? 이미 짐작했겠지만 이 두 가지 자전거 빨리 배우는 원리가 우리 모두에게 변화에 대응하는 기본 원칙 두 가지와 너무도 흡사하기 때문이다. 골드칼라가 되기를 원하는 모든 대한민국의 지식근로자들이여, 명심하길 바란다. 첫째는 변화에 대해 절대로 두려워하지 말고, 변화의 한가운데로 뛰어들라는 것이다. 둘째는 우리의 본능적 상식을 따르기보다는 우리의 의지를 동원해서 그 반대쪽으로 (다시 말해서 내가 가보지 않은 길을 향해) 방향을 틀어 보라는 것이다.

# 4_영원한 세 가지 질문_

앞에서 나는 '영속적인 혼돈이 상주하고 있는' 현실과 그 속에서도 의연하게 과업을 수행해 낼 수 있어야 함에 대해 언급했다. 그런데 그러한 의연함을 갖도록 도와주는 또 하나의 중요한 지혜를 여기서 언급하고자 한다.

인류에게 천 년이 넘게 삶의 지혜를 전해 주고 있는 성서 맨 처음 책인 창세기를 보면 신이 인간에게 던지는 원초적 질문 세 가지가 등장한다. 첫째는 '네가 어디에 있느냐?'이고, 둘째는 '네 이웃이 어디 있느냐?', 그리고 세 번째 질문은 '네가 어디서 왔다가 어디로 가느냐?'이다.

어떤가? 당신이 기독교인이든 아니든 이 세 가지 질문은 참으로 실존적인 질문이 아니던가? 이 세 가지 질문은 우리가 이 땅에 존재하는 한 피할 수 없는 질문이리라. 그렇기 때문에 당신이 골드칼라로서 원하는 삶의 질을 누리면서 살아가고 싶다면, 반드시 이 세 가지 질문에 대한 답을 끊임없이 확인해야 할 것이다.

그런데 이 책이 종교적이거나 철학적 탐구를 하기 위해 쓴 책이 아닌 만큼 일단 종교적 색채를 제거하고, 이 세 가지 질문을 응용한 소위 '전략기획 방법론'을 독자에게 제시하고자 한다.

'전략기획'이란 치열한 생존경쟁의 시대를 살아가고 있는 개인이나 조직에게 오늘날 필수적 역량 중 하나임을 아무도 부인할 수 없을 것이다. 그렇게 중요한 전략기획의 방법론으로 나는 바로 위의 원초적 질문을 조금 변형시킨 또 다른 세 가지 질문을 제시하고자 하는 것이다. 그것은 다음과 같다.

- 첫째, 나(우리)는 장차 어디로 가기를 원하는가?
- 둘째, 나(우리)는 지금 어디에 있는가?
- 셋째, 나(우리)는 어떻게 원하는 곳에 도달할 것인가?

우리는, 목적지에 도달하기 위해 험한 길을 걸어가는 탐험가와 같다. 따라서 우리가 도달해야 할 목표점이 어디인지를 먼저 설정해야 할 것이며, 다음으로는 현재 우리가 어느 위치에 있는지, 혹은 어떤 상황에 처해 있는지를 확인해야 할 것이다. 그리고 나면 마지막으로 원하는 곳까지 어떻게 갈 것인가, 즉 목표점에 도달하기 위한

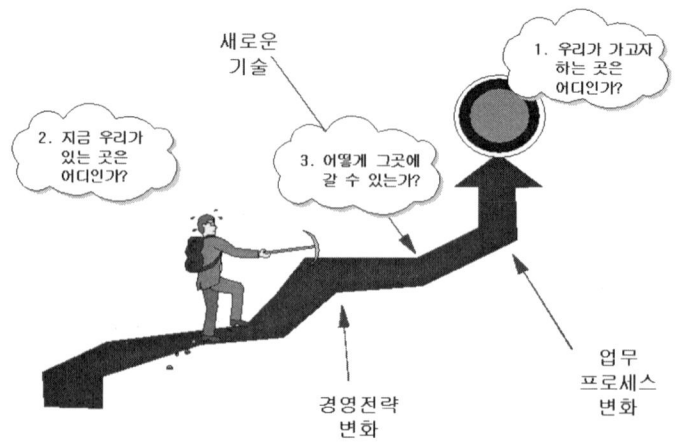

수단은 무엇인가, 혹은 어떤 전략이 필요한가? 등이 중요해 질 것이다. 모든 개인과 조직은 나름대로의 목표가 있다. 그런데 그 목표를 향해 가는 길은 언제나 평탄치 못하다. 끊임없는 변화들이 있기 때문이다. 환경과 기술이 변화하고, 전략이 변화하며, 일을 처리하는 절차들이 변하고 있는 것이다. 그렇기 때문에 이 세 가지 질문은 개인의 삶이나 조직을 경영함에 있어서 언제나 필요한 질문이며 그 적절한 답을 찾는 것이 바로 '기획'이라는 행위인 것이다.

독자들이 이 책의 차례를 보면서 미리 짐작을 했겠지만, 이 연금술 강좌는 그래서 이 세 가지 질문과 관련된 것들로 구성을 했음을 미리 밝힌다. 각 질문에 답을 찾는데 도움을 줄 지식이나 지혜들을 나름대로 정리한 것이다. 뿐만 아니라 그 내용들은 이 책 서두에서 인용했던 오늘날 기업들이 원하는 인재들이 갖추어야 할 기본적 역량들(예컨대, 쌍방향 커뮤니케이션, 문제해결 능력, 전략기획 능력, 컨설팅 능력, 혁신적인 사고, 변화관리 능력, 미래의 비전을 제시하는 능력 등)을 고루고루 다루게 될 것이다. 그렇다고 해서 강의실에서 머리를 싸매고 공부해야 하는 그런 종류의 것들은 아니고, 아마도 지하철이나 버스에서 하루에 한 토픽씩 가볍게 읽어볼 만한 스토리나 예화, 혹은 에피소드들을 모아 놓았다고 보면 좋을 것이다. 하지만 약속하는 것은 그렇게 부담 없이 재미있게 읽어 나가다 보면 독자들은 어느덧 자신감이 생기고 삶을 새롭게 도전해 보고자 하는 열정을 느끼게 될 것이라는 점이다.

이 책을 쓰는 필자도 지극히 평범한 인생을 살아 온 50대 초반의

소시민이지만, 늦게나마 스스로 골드칼라의 인생을 살아갈 수 있게 되었다고 자부하며 그 동안 강단에서 인생의 후배인 젊은 직장인들에게 들려주던 '연금술' 이야기들을 이렇게 책으로 엮어내게 되었고, 이는 또한 나 자신의 목표 중 하나를 달성한 결과물이기도 함을 감히 밝힌다.

그런데 무엇을 가지고 필자는 스스로 골드칼라라고 주장하는지, 더군다나 골드칼라를 만들어 주는 연금술사라고 내세우는지 독자는 의구심이 들지도 모르겠다. 그 흔한 박사학위도 없고 이름도 알려지지 않은 한 평범한 '산업 강사'인 주제에 말이다. 그래서 제1부 도입 부분의 마지막 한 장을 더 할애하여 필자의 '자격'을 검증하기 위한 얘기를 좀 하고 본론인 제2부로 넘어가고자 한다(요즘 대선 주자들의 자격 검증 논란이 매일 매스컴을 가득 메우고 있을 때인지라 나 자신의 연금술사 자격 검증도 대선 주자 못지않게 엄정하게 하려한다^^).

# 5_ '누린 게 하나 있는' 인생_

필자의 이름을 한자로 써 보면, '黃 在一'이다. 전화번호부를 검색해 보면 이런 이름을 가진 사람은 (한자 이름까지 일치하는 사람은) 대한민국 전체에 다섯 손가락으로 꼽을 수 있을 정도 밖에 없다. 일단 희소가치는 그런대로 있는 것 같다. ^^

또 하나 이 이름의 장점은 아주 쉬운 한자로 이루어져 있다는 점이다. 아마 한자 공부 별도로 안한 분들도 내 이름은 쉽게 읽을 수 있을 것이다. 그런데, 이 이름에 재미있는 에피소드가 숨어 있다. 부모님이 이런 이름을 지어 주실 때는 '세상에서 하나 밖에 없는 존재가 되라'는 거창한 뜻이 그 안에 담겨 있었다. 그런데 아쉽게도 그 분들은 성을 고려하지 않으셨다. 성까지 붙여서 세 글자를 풀이해 보니 전혀 엉뚱한 뜻이 되어 버렸다. 물론 내 나름대로 엉터리 해석을 한 것일 수 있겠으나 어쨌든 나는 나의 이름을 해석하건대 '누런 게 하나 있다'라는 의미가 된다고 본다.

우스운 얘기지만 나에게는 '이 누런 거 하나가 무얼까?'라는 질문이 인생의 화두가 되었던 것이다. 대학 시절 선교사를 만나 기독교 신앙에 심취했을 때는 그 누런 거 하나가 내 인생의 황금으로 자리 잡은 메시아(구원주) 예수님일 것이라고 생각했었다. 그러다가 90년대 중반 쯤 직장에서 경영컨설턴트 직책을 수행하다가 처음 접하게 된 '골드칼라'란 용어가 다시 한 번 내게 있는 그 '누런 거 하나'로 다가 온 것이다.

그 때 내가 처음 접한 골드칼라의 의미를 전문가들은 - 특히 내 인생의 목표점에 이미 도달해 계신, 나의 '역할 모델'이신 윤은기 총장의 글, 『골드칼라가 뛴다(1995)』에서 보면 - 이 책 맨 첫 부분에 소개한대로 '목구멍이 포도청이라 하기 싫은 일을 억지로 하면서 사는 사람, 그래서 아침에 출근하려면 스트레스를 팍팍 받는 사람, 그러다보니 상관이 시키는 일만 간신히 해 내고 스스로 일을 찾아서 할 줄 모르는 사람 …… 들과 정반대되는 사람들'이라고 설명하고 있었다.

이것이 나를 반성하게 만드는 계기가 되었다. "나는 내 이름을 볼 때 골드칼라가 될 운명을 가지고 태어난 사람이다. 그런데 현재 나의 모습이 정말 진정한 골드칼라의 모습인가?"라는 자문을 하기에 이르렀던 것이다.

중간의 복잡한 과정과 사연은 생략하겠다. 결과만을 얘기하자면 나는 진정한 골드칼라가 되기 위해 20년 가까이 해 온 직장 생활을 스스로 접었다(처음 1년은 한화그룹에서, 17년 동안은 한국 IBM에서, 그리고 마지막 1년은 CJ 그룹에서 보냈다). 그리고 내가 정말 순수한 열정을 가지고 몰입할 수 있는 일을 찾은 결과 현재 직업인 '산업 강사'의 길을 새롭게 가게 된 것이다. 자신 있게 말하건대 나는 뒤늦게나마 나의 '천직'을 찾았다. 지난 5 ~ 6년 동안 백 군데 가까운 직장들을 찾아다니며 대한민국의 젊은 직장인들에게 다양한 강의와 강좌를 하고 다니고 있는데, 하면 할수록 나에게 열정을 불러일으키고, 보람을 느끼며 삶의 질을 높여주는 직업임에 틀림이 없다.

그렇다고 오해는 하지 말기를 바란다. 골드칼라가 되려면 무조건 지금 다니는 직장을 떠나야 한다는 의미는 결코 아니다. 이것은 필자만의 경우이다. 골드칼라가 되는 길은 사람마다 다 다르다. 그러나 분명 중요한 것은 자신만의 '천직'이 무엇인지 탐구하고 찾아내야 한다는 점일 것이다.

그러다가 나는 어느 날 딸아이가 대학 도서관에서 빌려 온 얇은 책을 읽게 되었다. "읽어보니 아빠가 좋아 할만한 책이야"라는 말과 함께 내게 건네 준 책, 그것은 브라질의 파울로 코엘료가 쓴 『연금술사(최정수 역, 2001)』란 책이었다. 사실 그 당시에는 아직 우리 서점가의 베스트셀러 목록에 올라 있기 전이었는데, 나는 그 책을 단숨에 다 읽고 너무 좋아서 한 번 더 읽게 되었다. 이 책에 대한 이야기는 이 책 맨 뒤에서 다시 하겠지만 내가 지금 당신이 읽고 있

는 이 책을 '신 연금술'이라고 제목을 붙이게 된 것도, 아니 이 책을 출간하게 된 것도 이 『연금술사』란 책이 계기가 되었고, 또한 용기를 불어넣어 주었던 것이다.

나는 이렇게 나한테 있는 '누런 거 하나'를 발견했다. 그것은 골드칼라의 인생인 것이다. 그리고 내 남은 인생은 대

한민국의 젊은 직장인들이 골드칼라가 되도록 돕는 연금술사의 길을 가는 것에 바치는 것으로 다짐했다. 그 결과 탄생한 이 작은 졸저가 당신의 손에 들어간 것은 하나의 운명이라고 나는 믿는다. 내 손에 들어와 우연하게 읽혀졌던 『연금술사』라는 책처럼 말이다. 그대, 지금부터 골드칼라를 만드는 연금술의 세계로 빠져보지 않겠는가?

제_2_부

어디로 갈 것인가?

지식은 힘 – 전원 – 이다.
하지만 열정의 스위치를 올려야
환한 불이 켜질 것이다.

– 작가 미상

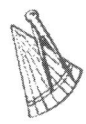

6_ '왜?'라고 질문하자_

우리는 지금부터 세 가지 질문 중 첫 번째 질문의 해답을 찾기 위한 연금술을 익혀 나갈 것이다. 이 첫 번째 질문은 방향설정에 관한 것이다. 이를 위해 우선 먼저 생각해야 할 주제가 바로 '왜' 라는 질문이다.

골드칼라의 가장 큰 특징 중 하나는 스스로 동기부여를 한다는 점이다. 남이 시켜서가 아니라 스스로 애정과 열정을 만들어서 일에 임하는 그런 사람들을 일컬어 골드칼라라고 부른다. 그런데 이렇게 되기 위해 필요한 습관 중 하나가 '왜?'라고 질문하는 것이다.

산업 강사로서 내가 만나는 '골드칼라 지망생'들이 흔히 범하는 실수는 내게서 '어떻게?'라는 질문의 답만을 찾고자 한다는 점이다. 일반적으로 기업에서도 신입사원을 뽑아 놓고 그들에게 교육을 시킬 때 다루는 대부분이 '어떻게' 맡은 일을 처리하는지 그 방법에 관한 것들이다. 그러나 그렇게 해서는 시키는 일을 생각 없이 해내는 기계적 종업원들만을 양산할 뿐이지 진정한 골드칼라들은 배출 될 수가 없다. 그래서 훌륭한 연금술사들은 그들에게 '왜?'에 대한 답을 제시하고자 노력한다. 다시 말해 **본질에 대한 통찰력을 키워준다**는 의미이다.

그런 의미에서 내가 던졌던 한 가지 '왜?'라는 질문의 사례와 거기서 얻은 해답을 소개하고자 한다.

오늘날 모든 인류가 '디지털'이란 신드롬에 휩싸여 있다. 지금까지 인류가 만들어 온 모든 문화와 문명의 산물들이 바야흐로 모조리 디지털화 되어 가고 있다. 그것이 문자로 기록된 것이든 그림으로 그려진 것이든, 사진으로 찍은 화상(정지화상과 동영상 포함)이든, 아니면 음성이든 상관없이 모든 것이 0과 1이란 단 두개의 숫자로 번역되어가고 있는 것이다. 나는 어느 날 이러한 거대한 흐름에 대해 '왜?'라는 질문을 던졌다. 자세히 살펴보면 매우 우스꽝스러운 현상이라고도 할 수 있지 않은가? 왜일까?

더군다나 나의 이 의문은 또 다른 비장한 의미를 담고 있다. 나는 8, 90년대 20년 가까이 스스로 'IT 전도사'라고 생각하며 직장생활을 해 왔다. 즉, 한국의 기업체들을 찾아다니며 IT에 투자하지 않으면 경쟁에서 도태될 것임을 강조해 왔던 것이다. 그런데 문득 문득 심각한 회의에 사로잡히곤 했다. 예전 컴퓨터가 발명되기 전의 사회상과 IT가 눈부시게 발전한 이후의 사회상을 비교해 보면 얼핏 보기에는 오히려 사회가 더욱 치열한 경쟁에 사로잡혀있고, 직장인들은 '평생 고용 보장'의 안전망이 제거된 상황에서 치열한 생존 경쟁을 치러야 하는 상황으로 내몰린 느낌이 들면서, 이 모든 변화가 컴퓨터와 IT의 등장 때문이 아닌가 하는 의문과 나의 직업에 대한 회의가 나를 괴롭히기 시작한 것이다.

나는 '왜 컴퓨터가 필요한가? 왜 온 인류가 디지털 사회 신드롬에 사로잡혀 있는가? 컴퓨터가 과연 우리 삶의 질을 높여주는 수단인가, 아니면 오히려 인간의 발목을 사로잡는 괴물인가?' 등의 의문을 심각하게 던질 수밖에 없었던 것이다.

그러다가 나는 우연히 이에 대한 해답을 찾을 수 있었다. 책을 통해서이다. 그것도 무슨 전문 서적이 아닌 흥미를 위해 읽었던 추리 소설을 통해서 …….

수 년 전에 베스트셀러로 올랐던 책 중에 프랑스의 젊은 작가 베르나르 베르베르가 쓴 『개미(이세욱 역, 2001)』라는 책을 기억할 것이다. 이 책은 세상을 바라보는 관점을 인간으로부터 개미에게로 옮겨 놓음으로써 발상의 전환에 대한 신선한 충격을 주었던 책이다. 그런데 이 책의 작가가 주장하는 바에 의하면 개미 사회는 우리 인간들의 사회보다 훨씬 더 진화되어 있으며 결국 훨씬 더 완벽한 체계를 갖추고 있다는 것이다. 예컨대 인간사회는 아직도 개인과

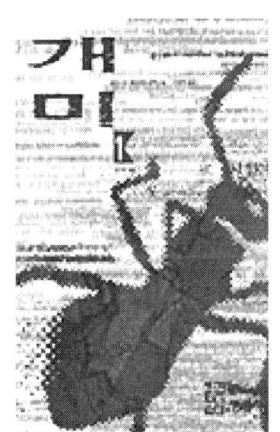

집단의 이기주의 때문에 엄청난 몸살을 앓으며 살아가고 있지만 개미사회는 완벽한 협동체계에 의해 살아가고 있으며 이기주의란 존재하지 않는다는 점을 하나의 증거로 내세우고 있다(실제로 이러한 주장은 이 책의 작가만의 주장이 아니라 개미를 연구하는 곤충학자들은 이구동성으로 이러한 사실이 과학적 진실임을 주장한다).

그런데 어떻게 이러한 완벽한 협동 시스템이 가능하게 되었을까? 그 이유 중 하나로 작가는 '지식과 경험을 공유하는 의사소통 체계'를 꼽고 있었다. 개미들은 '페로몬'이라는 특수한 냄새를 발

하여 의사소통을 하는데, 공동체의 전체 구성원이 매일 일정한 시간에 한자리에 모여 엄청난 페로몬을 동시에 발산한다고 한다. 그러면 그 순간에 각 구성원들이 하루 동안 습득한 지식과 경험이 모든 구성원들에게 완전하게 전달되어지며 결국 각 개체의 지식과 경험이 모두 합쳐진 놀라운 양의 지식이 다시 각 개체에게 흡수된다는 것이다. 그렇다면 이런 개미 공동체의 지식과 지혜는 엄청난 상승효과를 발휘할 것에 틀림이 없지 않겠는가.

이것은 물론 작가의 상상력에 의해 묘사되어진 소설 이야기이다. 하지만 우리 인간 사회가 지금 혼신의 힘을 기울여 추구해 나가는 소위 디지털 사회에서의 이상적 목표는 바로 이러한 모습이 아닐까 생각해 본다. 즉, 우리에게 있어서 디지털이란 개미의 페로몬과 유사한 것이 아닐까?

지금 인터넷에 한 번 들어가서 정보의 바다를 항해해 보라. 어떤 한 가지 정보를 얻기 위해 도서관을 찾아다니며 많은 시간을 들여 수집해 모아야 했던 시절이 결코 그렇게 먼 옛날이 아니었다. 하지만 지금은 거의 웬만한 정보는 책상 앞에 앉아 인터넷에 접속만 하면 수 분만에 손쉽게 찾아지고 있다. 인터넷 안에는 이미 인류의 지식과 지혜의 페로몬들로 가득 차 있는 것이다. 이제 시작임에도 불구하고 말이다.

지금은 과도기라고 본다. 그래서 IT 업계에 종사하는 지식 근로자들은 많은 고생을 하고 있다. 하지만 언젠가 - 그 시기가 우리 세대가 아니면 우리 다음 세대에서라도 - 그 열매를 누릴 수 있는

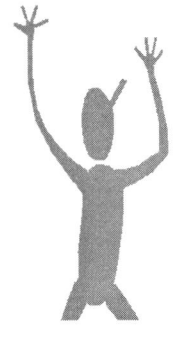

세상이 올 것이다. 요즘 말하는 유비쿼터스 세상과 같은 것 말이다. 그 때가 되면 우리 인간 사회도 개미사회처럼 완벽한 인류 협동 체계를 갖추고 살아갈 수 있게 되지 않겠는가?

조금 장황한 사례를 들었다. 하지만 이러한 해답을 얻고 나니, 나 자신이 IT업계의 임직원들을 상대로 교육과 훈련 서비스를 제공하는 일이 얼마나 엄숙하고 중대한, 그리고 숭고한 의미를 지닌 일인가 하는 사명감이 저절로 부풀어 올랐음을 이야기 하고 싶은 것이다.

골드칼라가 되고자 하는 이들, 그리고 골드칼라를 양성하고자 하는 연금술사들은 이제 '왜?'라는 질문의 파워를 새삼 인식해야 할 것이다.

- 우리는(나는) 왜 이 일을 하는가?
- 우리는(나는) 왜 이 일을 이런 방식으로만 처리해야 하는가?
- 왜 우리는(나는) 이런 비전 / 목표 / 전략을 세웠는가?
- 왜 우리는 이런 형태의 조직을 갖추었는가?

New Alchemy
for Gold Collar

# 7_'사명'_
개인과 조직을 위한 불변의 성공요인

앞 장에서 필자는 IT 업계에 종사하면서 발견한 사명감에 대해 언급했다. 결국 이러한 사명감은 골드칼라들의 열정을 지피는 불쏘시개 역할을 하는 매우 중요한 개념이다. 그렇기 때문에 오늘날 기업들의 홈페이지를 방문해보면 언제나 자신들의 사명과 비전 등을 멋들어지게 만들어 소개하고 있음을 발견한다. 대기업들은 몇 줄의 사명 선언문을 만들기 위해 적지 않은 돈을 들여 컨설턴트에게 의뢰하기도 한다.

이 '사명'이란 단어는 또한 우리가 다루는 세 가지 질문 중 제일 첫 번째 질문 중에서도 가장 먼저 고려해야 할 개념이라는 점에서도 그 중요성을 설명할 수 있다. 쉽게 말해서 우리는 모두 **"나, 혹은 내가 속한 조직의 사명은 무엇인가?"라는 원초적 질문으로부터 출발하는 것이 모든 기획의 출발점**임을 기억해야 한다.

그런데 여기서 우리는 '사명'이란 단어에 대해 좀 더 명확한 의미를 정의할 필요가 있을 것이다. 영어로 미션(Mission)이란 용어와 동일한 단어로서 종교적 용어라는 느낌이 먼저 들 것이다. 사실 그것이 맞다. 사명이란 '신이 인간에게 부여한 원초적 존재 목적'이란 의미가 담겨있는 것이다.

오늘날 세상은 **빠르게** 변화하고 있다. 그 변화의 물결에 재빠르게 대응하는 개인과 조직만이 살아남을 수 있다는 경고의 메시지를 우리는 귀가 아프게 듣고 있다. 하지만 주의할 것은 그것이 전부가 아니라는 점이다. 이렇게 변화가 극심하고 불안정한 상황 속에서 살아갈수록 진정 우리에게 필요한 것은 쉽게 변하지 않는 '원칙을 지키는' 태도이다. 개인이든 조직이든 결국 자신이 존재하는 이유를 명확히 알고 있을 때 바로 이러한 '흔들리지 않고 원칙을 지키며 살아가는 삶'이 가능해진다. 이것이 바로 '사명'을 명확히 정의해야 하는 이유인 것이다. 이에 대해서는 이미 우리가 익히 잘 아는 '경영학의 구루(guru라 하여 인도의 도사들을 일컫는 말이 서양으로 건너가 한 분야에서 독보적 위치를 차지한 전문가들을 일컫는 말로 사용되고 있음)'들도 이구동성으로 주장하고 있는 내용이기도 하다.

우선 『성공하는 사람들의 일곱 가지 습관(김경섭 역, 2003)』으로 오랜 세월 동안 수많은 개인과 조직들에게 훌륭한 지침을 제공한 스티븐 코비의 말을 인용해 보자.

"'목표를 확립하고 행동하라'는 말의 가장 근본적인 적용은, 오늘부터 시작하여 자신의 최후 순간에 갖고 싶은 이미지, 모습, 그리고 패러다임을 매사를 검토하는 기준들과 표준으로 삼는 것이다. 그러면 인생의 각 부분을 구성하는 오늘의 행동, 내일의 행동, 내주의 행동, 그리고 내달의 행동 등을 우리가 가장 중요하게 생각하는 전체적 가치관에 따라 검토할 수 있을 것이다.

우리가 이같이 최후의 순간을 마음속에 분명하게 간직하면, 어느 날 어떤 일을 하게 되어도 우리가 가장 중요하다고 생각하는 기준을 위반하지 않게 된다. 나아가 우리가 살아가는 하루하루의 생활은 우리가 갖고 있는 전체적인 삶의 비전을 실현하는 데 의미 있게 기여할 수 있도록 한다. 인생목표를 확립하고 행동한다는 것은 우리가 가는 목적지를 정확히 이해하고 출발한다는 것이다. 다시 말해서 우리의 현재 위치를 더 잘 파악하고, 또 항상 올바른 방향으로만 갈 수 있도록 어디로 가는가를 알아야 한다는 것이다."

또 다른 인용문은 유명한 *Good to Great* 란 베스트셀러를 저술한 짐 콜린스가 그보다 앞선 저서 *Build to Last* - 『성공하는 기업들의 여덟 가지 습관(워튼포럼, 1996)』 - 에서 주장한 내용이다.

"목적이란 단지 이윤을 추구하는 것을 넘어선 기업의 존재이유를 밝히는 하나의 기본적인 틀이다. 비전기업들은 … 중략 … 질문을 함으로써 목적에 접근하고 있다('나는 우선 회사가 존재하는 이유에 대해서 토론하고 싶다. 다시 말해서 우리는 무엇 때문에 여기에 있는가? 많은 사람들이 돈을 벌기 위해서라고 잘못 생각하고 있을 것이다. 돈을 번다는 것은 회사가 존재함으로써 얻어지는 중요한 결과이긴 하지만, 좀 더 깊이 들어가서 우리가 존재하는 진짜 이유를 찾아내야 한다')."

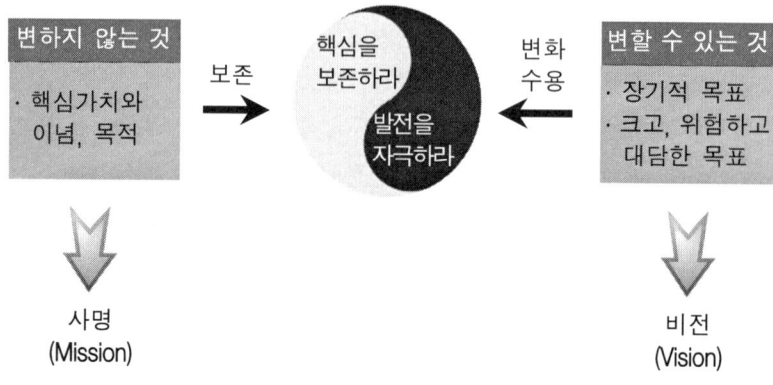

† 출처: 짐 콜린스, 『성공하는 기업의 여덟가지 습관(*Build to Last*)』

　위 인용문들에서 말하는 '목표'나 '목적'은 모두 지금 우리가 다루고 있는 '사명'을 다른 단어로 표현한 것일 뿐, 그 의미는 동일하다고 보면 될 것이다. 그러나 연금술사는 '사명'이란 단어를 더욱 선호한다. 왜냐하면 '진정한 의미에서의 불변하는 존재 목적'이라는 엄숙하고 절대적인 의미를 부여하기 위해서는 목표나 목적 혹은 심지어 비전이라는 용어보다도 '사명'이란 단어가 가장 적합하다고 보기 때문이다(사실 위의 인용문만 보면 스티븐 코비나 짐 콜린스가 다른 용어를 사용한 것처럼 보이지만 그들의 주장의 결론 부분에 가면 둘 다 사명이란 용어를 동원하는 것을 볼 수 있게 된다).

　지금까지 개인이나 조직의 존재 목적으로서의 사명을 확립하는 것의 중요성을 언급했다. 그러나 이 사명의 개념은 현실에서는 더욱 다양하게 적용할 수 있다. 반드시 개인의 삶 전체에 대한, 혹은 조직이 탄생하여 존재하는 전 기간 동안을 전제로 한 존재 목적과 같이 거창한 의미로서만이 아니라, 예컨대 새롭게 조직한 기업 내의 특정 부서 입장에서, 혹은 새로 시작하는 특정 프로젝트 입장에서도 기획의 첫 단계는 바로 '사명'을 정의하는 것으로 해야 한다는 것이다. 전자의 경우라면 '왜 회사가 구태여 우리 부서를 새롭게 조직했는가?'라고 질문하여야 하며 후자라면 역시 '왜 회사가 구태여 이 프로젝트를 시작해야만 하는가?'라고 질문하여야 한다는 의미이다. 이것은 결국 앞 장에서 이미 언급했던 '왜라고 질문하라'는 원칙과도 연결되는 것이다. 이러한 본질적 질문과 그 통찰을 통해 철학적인 기초가 분명하게 다져질 때 모든 개인과 조직에게는 성공의 첫 열쇠가 주어지게 되는 것이다.

'사명'을 확립하는 것의 중요성은 그 뿐만이 아니다. 앞에서 잠깐 언급했지만 '골드칼라'들의 자신의 일에 대한 애정과 열정은 어디서부터 오는가? 그리고 그것을 어떻게 식지 않고 계속 불타오르게 할 것인가? 이 질문들에 대한 해답 역시 '사명'의 확립에 있는 것이다. 오늘날 우리는 봉급이나 복지혜택 등의 외적 보상만으로는 그리 쉽게 조직이나 일에 120% 헌신하지 않는다. 내적보상이 함께 주어져야만 그것이 가능하다. 바로 그 **내적보상 중 가장 원초적인 것이 바로 개개인의 '사명의식'과 하는 일이 일치될 때 주어지는 보람과 성취감**인 것이다.

하나의 예를 들어보자. 2006년도에 개봉한 영화 중에 '가디언

(*The Guardian*)'이란 외화가 있다. 해양구조대원들의 활약과 희생 정신을 그린 영화이다. 그런데 그들을 훈련시키는 A 스쿨에 처음 입교한 생도들에게 교장이 하는 환영사가 기억에 남아있다.

> 우린 해양경비대의 엘리트다.
> 우린 최고 중의 최고다.
> 폭풍으로 전 항구가 폐쇄돼도 우린 나간다.
> 허리케인이 해군 발목을 묶어도 우린 나간다.
> 하느님이 이 땅에 내려오셔서
> 바람의 권능을 일으키시어 집을 통째로 날려버리실 때도
> 우린 나간다.
> 얼마 되지 않는 봉급을 받으며
> 거대한 바다 어딘가에서 외로이 죽어갈 수 있는 가능성과
> 매 순간 싸워야 한다.
> 하지만 누군가의 생명을 구해낸다는 자부심!
> 그건 세상 무엇과도 비교할 수 없을 것이다.
> 제군들 모두 A 스쿨에 온 걸 환영 한다.

우리의 일반적 상식으로는 저렇게 위험하고 열악한 직업이라면 우리가 흔히 말하는 3D를 훨씬 넘어선 최악의 직업이다. 그럼에도 불구하고 그토록 엄한 훈련을 받으면서 해양구조대원이 되고자 하는 저들의 열정은 어디로부터 오는가? 천하보다 소중한 한 사람의 생명을 구하는 숭고한 직업, 그러면서도 아무나 원한다고 될 수 없는 선택된 자만이 누릴 수 있는 직업이라는 자부심과 사명감 때문이 아니겠는가?

이번에는 좀 더 가까운 곳에서, 우리네 보통 사람들의 예를 찾아보자. 이 책 앞부분에서 TV에 등장하는 '달인 시리즈'에 대해 언급한 바 있는데, 그 중 또 다른 예이다. 숟가락을 만드는 공장에서 단순 반복적인 일에 15년 이상을 종사하고 있는 한 아주머니를 취재한 프로그램이 있었다. 그는 보기에도 지식근로자와는 거리가 먼, 단순 노동자에 불과했다. 그러나 그는 자기 일에서만큼은 달인이 되어 있었고, 대단한 손 감각을 가지고 빠르게 일을 처리하고 있었다. 똑같은 일을 15년간이나 반복해 왔으니 오죽하랴. 그가 '달인' 칭호를 받을 수 있게 된 것은 그 단순하고 지루한 일을 지치지 않고 그 긴 기간 동안 꾸준히 해 오고 있기 때문일 것이다. 어떻게 지치지 않고 한 우물을 팔 수가 있었을까? 공장 앞에 쪼그리고 앉아 소박한 웃음을 띠며 이 아주머니 달인은 다음과 같이 마지막 말을 하는 것이었다.

"'내가 만든 숟가락으로 전 국민이 밥을 맛있게 먹고 건강해지도록 하기 위해 더 청결하게, 더 잘 만들어야겠다'하고 자부심을 갖고 하는 거지 뭐……."

이 아주머니에게는 바로 그것이 사명이었던 것이다. 그러한 소박한 사명감이 그로 하여금 15년간 단순반복적인 일에 성실하게 몰입할 수 있도록 만들어 준 것이다.

이 연금술을 읽고 있는 그대여, 그대의 '사명'은 무엇인가? 혹시 「사명선언문」을 가지고 있는가? 그대가 속한 조직은 어떠한가? 모든 것의 출발점이 여기에 있을진대, 아직 '사명'이 확립되어 있지

않다면 그대는 성공을 향한 첫걸음도 아직 떼지 못하였음을 감히
경고하는 바이다.

# 8_골 때리는 분과 골 빈 놈_

최근 어느 인터넷 칼럼에서 재미있는 주장을 보았다. 우선 독자의 상식을 테스트해 보자. 귀하는 '골 빈 사람'과 '골 때리는 사람' 중 누가 더 '잘 팔리는' 골드칼라의 자격을 갖추었다고 생각하는가? 만일 둘 다 문제가 있는 것 아니냐고 생각하신다면 귀하는 아직 21세기의 새로운 상식을 접하지 못한 것이 된다. 여기서 말하는 '골'은 영어로 Goal, 즉 목표를 의미하기 때문이다. 즉, 골 빈 사람이란 목표 의식이 없는 사람을 말하며 반대로 골 때리는 사람이란 목표를 설정하고 이를 끊임없이 추구하는 사람이란 뜻이 된다. 그렇다면 질문에 대한 답은 자명해 질 것이다.

그런데, 우리는 왜 목표를 세워야 할까?

모든 건물은 건축하기 전에 청사진을 먼저 만든다. 만일 청사진이 없이 다짜고짜 건축부터 시작한다면 그 집은 우스꽝스러운 모습이 되고 말 것이다. 우리 인생도 마찬가지이다. 목표란 우리 인생의 청사진이다. 청사진이 있어야 우리가 원하는 대로, 성공적인 삶을 누리게 될 것은 너무도 자명하다. 그런데 많은 경우 우리는 '목표를 세워 본들 세상은 우리 뜻대로 굴러가지 않는다'라는 패배의식에 사로 잡혀서 포기하는 함정에 빠지기가 쉽다. 그러나 분명한 것은 목표를 세우지 않은 경우와 목표를 세운 경우의 성공 확률은 분명히 큰 차이가 난다는 사실이다.

1953년, 미국의 한 유명 대학에서 어느 '골 때리는 교수'가 졸업반 학생들을 대상으로 한 특별한 조사를 했다. 그 조사는 학교를 졸업하기에 앞서 학생들이 얼마나 확고한 삶의 목표를 가지고 있는지를 알아보기 위한 것이었다.

조사 결과, 67%의 학생들은 아무런 목표를 설정한 적이 없다고 대답했다. 30%의 학생들은 목표가 있기는 하지만 그것을 글로 적어두지는 않았다고 대답했다. 오직 3%의 학생들만이 자신의 목표를 글로 적어두었다고 대답했다.

이 골 때리는 교수는 이러한 응답을 20년 동안 간직하고 있다가 20년이 지난 어느 날 제자들과 용역회사를 동원하여 확인 작업에 들어갔다. 그 결과, 학생 시절 자신의 목표를 글로 썼던 3%의 졸업생이 축적해 놓은 재산은, 나머지 97%의 졸업생 전부가 축적한 것보다 훨씬 더 많았다고 한다.

이들 간에는 학력, 재능, 지능 면에서 아무런 차이가 없었음에도 불구하고 목표를 글로 썼느냐의 여부에 따라 재산, 소득, 사회적인 영향력 등의 격차가 무려 10배, 20배, 30배에 달한다는 사실은 매우 놀랍지 않은가? (이상의 사례는 매일 이메일로 받아보는 『조영탁의 행복한 경영이야기』를 참조하여 필자가 가필한 것임.)

얼마나 놀라운 실증적 이야기인가. 목표를 세우고 살아가는 삶과 그렇지 않은 삶은 엄청난 차이가 난다는 연금술사들의 이야기에 우리는 지금부터라도 귀를 기울여야 한다.

　자화자찬이란 비판을 들을 것을 각오하고 나 자신의 개인적 성공담도 좀 소개하고자 한다. 독자들에게 동기부여를 제공하기 위한 목적으로……．

　나는 40세가 되던 해에 목표 설정의 중요성을 배우고, 실천에 옮기기로 했었다. 10년 후의 내 모습을 그려보는 시간을 가졌었다. 당시 나는 친구 부부들과 매 주말 등산을 다니면서 자연에 심취해 있었다. 그래서 생긴 자연스러운 욕구가 나는 남들보다 좀 더 일찍, 즉 50세가 되기 전에 집을 전원주택으로 이사하여 자연과 더불어 살고 싶다는 것이었다. 그런데 이것을 상상하니 이번엔 직장 출퇴근이 걸리는 것이 아닌가? 그렇다면 내친 김에 직장생활도 오십 전후해서 청산하고 내가 하고 싶은 일을 하면서 살아가야겠다는 것을 또 하나의 목표로 설정하였다. 사실 1990년대 중반이었던 당시에는 지금처럼 대기업의 퇴출 바람이 강하게 불던 시절도 아니었고 사오정이니 오륙도니 하는 이야기는 상상하기 힘든 시절이었건만 나는 일찌감치 이런 무모해 보이기까지 하는 목표 의식을 가졌던 것이다 (사실은 직장을 그만 두겠다는 목표 설정에는 출퇴근 문제보다 더 깊이 숨어있는 중요한 동기가 있었다. 그것은 쉽게 공개하기 어려운 나만의 욕구였는데, 이에 대해서는 이 책 마지막 부분에서 다시 자세히 말하려 한다. 성급한 분은 지금 이 책 제4부에 있는 ‘주 4일 근무제, 어떻게 생각하세요?’를 읽어 보기 바란다).

　결론부터 말하면, 나는 목표연도가 채 되기도 전에 내 목표들을 달성하였다. 이미 밝혔듯이 2001년도에 다니던 대기업 직장을 스스로 그만두고 지금은 내 사업을 하고 있다. 정말 내가 좋아하고 열정과 애정이 넘치는 연금술사의 길을 가고 있는 것이다. 그런가 하면 2003년도에는 10여 년 살던 목동을 떠나 지금은 용인의 법화산 자락 바로 밑에 자리 잡은 '대한민국에서 제일 살기 좋은 아파트' 대상을 받은 널찍한 아파트에 이사 와서 매일같이 '콘도에서 사는' 기분을 만끽하고 있다. 집에서 100미터만 걸어 나가면 등산로 입구이다. 정상까지 천천히 오르면 꼭 한 시간이 걸린다. 처음엔 꺼려하던 아내도 지금

필자의 용인 집에서 바라본 법화산

은 너무 행복해하며 이웃들과 어울려 건강한 중년의 인생을 꾸려가고 있다.

사실 나는 10년 전에 내가 그렸던 50세 때의 모습을 거의 잊고 살았다. 그런데 오십이 되던 해에 문득 그 때 그려 보았던 목표들이 생각이 났던 것인데, 그리고 보니 내 중요한 목표들이 다 이루어진 것이 아닌가? 이러한 산 경험을 하고 나니 나는 이제 더욱더 인생의 후배들에게 미래를 미리 그려 보면서 살아가라고 확신을 가지고 권할 수밖에 없게 된 것이다.

기왕에 얘기가 나온 김에, '골 때리는 인생'의 묘미를 맛본 나로선 다시 다음 10년간의 목표를 세우고 도전하고 있음을 마저 털어놓는다. 한 가지만 공개하면, 내 생각에 내 인생의 절정기는 60세

전후가 될 것으로 꿈꾸고 있다. '대기만성(大器晚成)'이란 말도 있지 않은가? 아직은 무명 산업 강사에 지나지 않지만 7 ~ 8년 후쯤이면 나도 앞에서 밝힌 대로 나의 역할 모델인 윤은기 총장처럼, 직장 동료였던 변화 전문가 구본형 소장처럼, 혹은 내 대학 후배이면서 존경의 대상이 되고 있는 공병호 박사처럼 대한민국 명품 연금술사 리스트 한 귀퉁이에 이름을 올릴 수 있으리라 꿈을 꾸어 보는 것이다.

귀하도 이제부터 '골 때리는' 골드칼라가 되시기를 간곡히 권하는 바이다.

New Alchemy
for Gold Collar

9_크고 위험하고 대담한 목표_

목표를 추구하는 인생에 대해 더 생각해 보아야 할 것이 있다. 우리는 어느 정도의 목표를 설정하는 것이 바람직할까? 물론 너무 소극적인 목표도 바람직하지 못하지만 지나치게 높은 목표는 그저 백일몽에 지나지 않는 것은 아닐까? 세상이 그렇게 만만하게 우리가 원하는 대로 움직여 줄 리가 없을 텐데…….

그런데 이미 소개한 바 있는 경영학의 '구루' 짐 콜린스는 우리에게 '크고 위험하고 대담한 목표'를 세우라고 조언한다. 이 표현은 그가 그의 책 *Build To Last*에서 소개한 신조어 'BHAG(Big Hairy Audacious Goals)'를 번역한 것이다.

그는 과격한 형용사를 세 개나 동원했다. 이러한 목표는 만일 현실을 고려했다면 설정될 수 없는 것들이다. 그러나 이러한 'BHAG'를 세워서 조직의 발전을 자극하고 종업원들의 모험심과 활력을 극대화한 기업들은 큰 성공을 거두고 '비전 기업'이라는 칭호를 받게 되었음을 오랜 연구를 통해 검증해 내었다고 그는 주장하고 있다.

이러한 'BHAG'를 설정함에 있어서 연금술사는 독자들에게 두 가지 비유를 상기하도록 권하고 싶다.

하나는 벼룩의 예인데 이것은 모두가 다 한 번쯤은 들어보았을 것이다. 자기 키의 수백 배를 점프할 수 있는 능력을 타고 난 벼룩이

투명한 유리 뚜껑에 부딪혀 몇 번의 좌절을 경험하고 나면 부정적 학습효과가 형성되어 나중에는 뚜껑이 제거되더라도 절대로 뛰어 오르지 않고 유리 컵 안에 갇혀 있게 된다는 실험 사례 말이다. 만물의 영장인 인간들이 이러한 미물과 똑같은 실수를 저지르게 되는 것은 얼마나 안타까운 일인가? 어려서 대통령이 되겠다는 꿈은 어른이 되면서 점점 오그라들고 축소되어 나중엔 "꿈은 뭐 말라죽은 꿈이야? 꿈 깨라고 해!"라며 자포자기해 버리는 우리의 모습은 저 벼룩을 너무도 닮아 있다.

다른 예를 하나 더 들어 보자. 26년 동안 200만 부 이상이 팔린 베스트·스테디셀러인 『꽃들에게 희망을(트리나 포올러스 저, 김석희 역, 1999)』이라는 어른들이 읽는 그림 동화책이 있다. 애벌레들이 자신들의 일생은 그저 기어 다니면서 나무 잎사귀나 갉아먹고 그 안에서 경쟁하면서 살아가는 것이 전부라고 여기고 있는데 어느 한 애벌레가 자신의 생명 안에 하늘을 훨훨 날아다닐 수 있는 날개가 잠재되어 있음을 깨닫고 스스로의 몸을 고치의 감옥 안에 가두는 모험을 감행 한 뒤에 결국 멋진 나비로 다시 태어나 하늘로 날아가게 된다는 이야기가 담겨 있다.

이 땅의 또 한 분의 연금술사 윤태익은 이 나비의 상징성을 이용하여 『나로부터 비롯된 변화(2005)』라는 책을 출간하기도 했다.

나비는 곤충에 불과하다. 이런 미물에게도 이토록 신비스러운 변신의 생명력이 존재하고 있을진대, 우리 만물의 영장인 인간들에게는 과연 얼마나 엄청난 잠재력이 숨어있을 것인가? 우리는 이 생명의 진실을 믿어야 할 것이다. 결코 눈에 보이는 현재의 모습에 갇혀서 꿈을 잃어버린 채 살아갈 수는 없는 것이다.

독자들이여, 골드칼라가 되어 크고 위험하고 대담한 꿈을 꾸기를 강력히 권하는 바이다.

아직은 무명의 연금술사의 길을 걷고 있는 필자도 그래서 내 안에 있는 무한한 잠재력을 믿고 이렇게 오늘도 연금술 강좌를 열심히 써 내려가고 있다. 이 책이 당신의 손에 들려 있다는 사실은 내게도 변신의 날개가 바야흐로 꿈틀거리며 펼칠 준비를 하고 있음을 증명하는 것이 아닐까?

New Alchemy
for Gold Collar

 ## 10_미래를 내다보는 창_

어디로 갈 것인가를 결정하기 위해서는 어느 정도 미래를 예측하는 지혜가 필요하다. 기획을 위한 세 가지 질문 중 '현재 어디에 있는가?'를 묻기 전에 '장차 어디로 갈 것인가?'를 먼저 다루어야 함은 앞 장에서 말한 대로 우리의 잠재력을 최대한 끌어낼 수 있는 과감한 목표를 설정하기 위함이었다. 만일 우리의 출발점이 현재의 초라한 모습을 바라보는 것에 있다면 우리는 결코 그렇게 크고 위험하고 대담한 목표를 설정하기 어려울 것이기 때문이다. 그래서 우리에게 먼저 요구되는 자세는 현재를 들여다보기보다는 미래를 내다보는 것이다.

사람들은 예로부터 미래를 예측하는 '초능력'에 대해 참으로 다양한 상상을 해 왔다. 그리고 그것은 오늘날에 와서는 눈부신 과학 기술과 접목되어 신비로운 초능력 분야에서 공상과학에 의한 '첨단 기술' 분야로까지 발전하였다. 타임머신 이야기가 대표적인 예인데, 수년 전 극장에서 상영한 「페이첵」이란 영화에서는 천재적 분해 공학자에 의해 자신의 미래를 영상을 통해 볼 수 있는 하나의 첨단 정보기기가 개발된다는 식으로 묘사되기까지 했다.

'미래를 - 더도 덜도 말고 단 한 시간 앞에 일어날 일을 - 예측할 수만 있다면'이라는 인간의 욕망은 특히 최근 들어 더욱더 간절해졌다. 온라인 주식 거래가 보통 사람들에게 일상화되고, 로또 복권을 통해 일확천금을 하는 사람들이 매주 탄생하는 것을 보면서 이런 황당한 바람을 한 번쯤 안 가져 본 사람이 없을 것이다(실제로 앞에서 말한 「페이첵」이란 영화에서 주인공은 스스로가 개발한 정보기기 덕분에 로또 복권 1등에 당첨되어 수천만 달러를 번다). 하긴 이런 기술이 있다면 필자가 열심히 써내려가는 이 '연금술'도 사실 전혀 쓸모가 없게 될 것이다. 어차피 둘 다 상상력의 산물이라면 구차하게 납덩어리를 가져다 주물럭거려 금덩어리로 만들어내는 연금술보다는 그저 한 방에 다음 회차의 로또 복권 1등 번호를 알아내어 단돈 천 원을 투자하는 쪽이 백 번 매력적인 기술이 아닐 수 없다.

그래서 이 장에서 우리는 연금술로서는 고난도의 수준이라 할 수 있는 '미래 예측 기술'에 대해 살펴보고자 한다. 우리가 연금술을 하나의 상징적 언어로 사용하고 있듯이, 미래 예측 기술 역시 위에서 말하는 식의 황당한 '천리안'을 의미하는 것이 아니라 미래의 커다란 흐름을 분석하고 예측함으로써 남보다 유리한 고지를 점하자는 의미임을 우선 밝혀 둔다. 이런 능력에 대해, 우리에게 가장 잘 알려진 미래 예측의 대가인 피터 드러커 박사는 *Next Society*에서 다음과 같이 표현했었다.

> 나는 예언을 한 적이 없다. 나는 그냥 창밖을 내다보고 눈에 띄는 것을 바라볼 뿐이다 – 하지만 아직은 남들의 눈에는 분명하지 않은 것을 말이다.

그는 『새로운 현실(*The New Realities*, 1989)』, 『자본주의 이후의 사회(*Post Capitalism Society*, 1993)』, 『미래의 조직(*The Organization of the Future*, 1998)』등을 거쳐 최근에는 『다음 사회(*Next Society*,

2002)』, 『미래경영(*Managing for the future*, 2002)』 등의 미래 예측 서적을 끊임없이 저술해 내는 말 그대로 금세기 최고의 미래 예측 학자이면서도 말이다.

어쨌든 우리가 스스로의 몸값을 키우고 골드칼라로 살아가기 위해서는 끊임없는 연마를 통해 이러한 미래를 바라볼 수 있는 능력을 키워가야 한다. 아니, **언제나 현재 시점을 바라보지 말고 얼마간의 앞을 바라보는 '습관'을 들여야만 한다.** 마치 하늘을 나는 새를 잡으려 산 속을 헤매는 사냥꾼들이 현재 새가 있는 위치가 아닌 그보다 조금 앞을 겨냥해야만 하듯이 말이다.

21세기의 신 연금술을 연마하고 있는 필자의 예를 또 다시 들어 보고자 한다. 필자는 1983년도에 한국 IBM에 입사했다. 당시로서는 아직 우리나라가 정보화 사회의 급물결을 타기 직전이었다. 그러나 IT(정보기술)가 8,90년대의 키워드가 될 것으로 전망하고 삼성과 한화 등 국내 대기업 합격 통지를 뒤로하고 IT 분야의 대부 격인 이 회사를 선택했었다. 그리고 이 회사 내에서도 '꽃'이라 할 수 있는 영업대표(Marketing Representative)라는 직책으로 첫 사회생활을 시작한 것이다. 80년대 내내 이 회사는 대학생들이 입사하고 싶어 하는 회사 리스트의 맨 위에 자리를 차지하고 있었다. 그러다 90년대가 시작되자 다시 이 회사가 제조업이 아닌 서비스업에 승부를 걸 것이란 전망을 하고 과감히 손을 들어 한국 IBM 최초의 컨설턴트가 되겠다고 신청을 했다(이 때까지 이 회사 내에 그런 직책은 없었다). 필자의 이런 베팅은 다시 맞아 떨어졌다. 90년대 내내 이 회사 내에서 내

명함에 찍힌 컨설턴트란 직책은 최고의 대우를 보장하는 것이었다.

그러나 21세기를 눈앞에 둔 2000년도에 나는 17년 동안 정 들었던 그 회사를 스스로 걸어 나왔다. 이 책 앞부분에서 밝혔듯이 사실 필자는 90년대 중반에, 아직 사오정, 오륙도란 신조어와는 거리가 먼 분위기의 사회였지만, 나이 오십이 되면 봉급쟁이 생활을 청산하고 스스로가 원하는 일을 독자적으로 하면서 살아갈 것을 목표로 정했었다. 피터 드러커 박사가 말한 소위 지식근로자들이 득세하는 세상이 올 것을 예감했던 것이다(사실은 그 때까지 내게 부족했던 큰 조직을 경영하는 리더로서의 경험을 좀 더 쌓기 위해 IBM 퇴사 직후 1년간 CJ 그룹 계열사의 사업본부장을 역임했다. 120명의 직원이 일하는 본부를 이끄는 역할이었다. 그러나 이 일은 내게 중간 단계일 뿐 궁극적 목표는 아니었다). 그리고 지금 필자는 IT 업계를 떠나서 신 연금술사의 길을 가고 있다. 즉 인재를 양성하고 성인들을 재교육시키는 러닝서비스 사업을 하고 있는 것이다. 역시 이 결정도 얼마간의 미래를 나름대로 내다보고 내린 것이다. IT가 20년 가까이 차지하고 있던 기업의 투자 1순위 자리를 내어놓고, 인재가 다시 그 자리를 차지하는 시대가 도래할 것이라는 전망 말이다.

우리의 시각을 과거나 현재에 두지 말고 얼마간의 미래에 두는 것 - 이것은 연금술의 중요한 요소 중 하나이며 골드칼라들이 만들어 가야 할 중요한 성공 습관 중 하나임을 강조하고자 이렇게 스스로를 자랑하는 팔불출이 되기를 자청함을 너그러이 양해 바란다.

 ## 11_ 행운을 믿는가?_

근년 들어 우리 사회에 몰아친 '로또 복권 신드롬'은 심심치 않게 화젯거리가 되고 있다. 단 한 번의 행운만 내게 다가온다면 말 그대로 인생의 역전을 가져올 수 있는 기회가 우리에게 주어졌다! 그리고 매주 그렇게 돈벼락을 맞는 이들이 적어도 몇 명씩 나오고 있으니 이 또한 입맛을 당기게 하지 않을 수 없다.

그러나 이 와중에 우리는 (우리 대부분은!) 또한 씁쓸한 좌절을 맛보기도 한다. "왜 나에게는 모든 행운이 피해만 가는 걸까?", "1등은 고사하고 3등이나 4등조차도 내게는 왜 해당이 안 되는 걸까?", "나는 지지리도 복이 없는 인간인가?"

그런데 이런 좌절감을 주변의 친지나 동료들에게 표현하면 그들은 무어라 하는가? 아마 대부분이 당신에게 점잖게 충고할 것이다. "그건 당신만이 느끼는 것이 아니야. 그런 행운은 지극히 소수에게만 해당되는 신기루일 뿐이야. 행운에 매달리지 말고 네가 노력해서 원하는 것을 얻도록 해. 쓸데없는 망상에 사로잡히지 말고 말이야."

그렇다면, 우리는 행운을 믿어서는 안 되는 것일까? 더욱이 치열한 경쟁 속에서 열정을 다해 자신의 길을 개척해 가는 '골드칼라'들에게 행운이란 단어는 다만 신기루나 황당한 유혹에 불과한 것일까? 결론부터 말하면 꼭 그런 것은 아니다. 우리는 그럼에도 불구하고 여전히 행운을 믿어야 한다. **우리의 삶의 질을 한 단계 높이는 데 있어서, 우리의 꿈을 이루고 우리가 원하는 모습으로 인생을 누리기 위해서 우리에게 행운은 필수적 요소라고 주장한다.**

우리 인간은 어차피 불완전한 존재들이다. 아무도 스스로의 노력으로 100% 완벽한 결과를 성취하기는 어렵다. 그렇게 때문에 그 모자라는 부분에 대해 우리는 행운을 믿어야 하는 것이다. 요즘 이러한 요소에 대해 여러 전문가들이 여러 가지 형태로 표현하고 있다. 예컨대, '내면의 목소리에 귀를 기울여라'라든지 '보이지 않는 천사들이 우리 모두의 곁에 한 명씩 배치되어 우리를 돕고 있다', '심지어 당신의 꿈도 당신을 돕기 위해 당신에게 다양한 메시지를 전달해 주고 있다' 등의 주장들은 모두 같은 맥락에서 표현되는 것들이다. 최근 서점가 베스트셀러 목록에 오른 『시크릿(론다 번 저, 김우열 역, 2007)』이란 책도 역시 같은 종류의 메시지를 담고 있다.

우리가 이런 사실을 받아들이기 위해 반드시 종교인이 되거나 신비주의자가 될 필요는 없다. 다만, 인간의 삶은 결코 과학과 논리만으로 다 채울 수 없는, 보이지 않는 그 무언가가 존재한다는 '육감'을 인정하는 것만으로도 충분하다. 그리고 그런 믿음은 우리의 삶을 더욱 기름지고 충만하게 만들어 줄 것이다.

이미 여러 차례 소개한 짐 콜린스는 근년에 경영서적 분야에서 베스트셀러가 되었던 책 중 하나인 *Good to Great* -『좋은 기업을 넘어 위대한 기업으로(이무열 역, 2002)』- 를 출간하면서 그의 명성을 다시 한 번 전 세계에 드높였다. 미국의 수많은 우량 기업 중 아주 엄격한 조건으로 걸러 낸(그 조건이란 주가 수익률 기준으로 볼 때 15년 동안 지속적으로 해당 산업 내의 평균 성장률보다 2.5배 이상 성장해 온 기업들만 걸러내는 것이었다) 단 11개의 '위대한' 기업의 공통점을 분석한 책이다. 그 공통점 중 하나로 저자가 지적한 것은 11개 기업의 CEO들이 모두 한결같이 성공의 공을 '행운'이나 '회사 임직원'들에게 돌리고 있다는 점이었다. 물론 저자는 이를 'CEO의 겸손한 리더십'으로 규정했으나, 필자는 그들이 말한 '행운'이란 말을 어느 면에 있어서는 문자 그대로 받아들여도 된다고 믿는다. 경험적으로 기업의 성공, 그것도 대단한 성공 이면에는 반드시 얼마간의 행운적 요소가 포함되어 있다. 그렇지 않은가?

이것이 바로 노름판에서 우스갯말로 쓰는 '운칠기삼(運七技三)'이 의미하는 바이며 '진인사대천명(盡人事待天命)'이란 옛말의 유래이고 '그런즉 원하는 자로 말미암음도 아니요 달음박질하는 자로 말미암음도 아니요 오직 긍휼히 여기시는 하나님으로 말미암음이니라'라는 성구가 주는 교훈이기도 한 것이다.

마지막으로 한마디만 더 첨언하고자 한다(이것은 코엘료의 책, 『연금술사』를 읽으며 얻은 교훈이지만). 특히 무언가 새로운 각오로 새로운 일이나 사업, 새로운 모험, 새로운 변화 등을 시작하고자 하는 분들은 반드시 이 행운적 요소를 믿고 출발하기 바란다. 누구도 과학적으로나 논리적으로는 설명할 수 없는 불가사의하고 신비한 어떤 작용에 의해 그대가 시작하는 일에 우주의 모든 보이는 것과 보이지 않는 것들이 총동원되어 그대의 성공을 위해 응원하며 성원하며 밀어주고 끌어주고자 힘을 합하고 있음을 반드시 믿기 바란다. 두려울 것이 무언가! 그대의 양심만 자유롭다면 말이다.

제_3_부

지금
어디에
있는가?

과거는 신경 쓰지 말고 서 있는 곳으로부터 시작하라.
과거는 새로운 시작에 아무런 도움이 되지 않는다.
과거의 걱정과 절망은 잊어버려라.
지금 당신에게는 새로운 과제가 주어져 있으며
미래는 용기 내어 행동하는 자의 것이다.
서 있는 곳으로부터 시작하라.

― 벌튼 브래리 (Berton Braley, 1999)

 12_ 성장 곡선_

지금부터는 두 번째 질문인 "지금 우리는 어디에 있는가?"를 탐구할 차례이다.

이것은 우리 자신이 현재 어떤 상황에 처해 있으며 강점과 약점은 무엇인지, 또는 기회와 위협의 요소는 무엇인지 등을 정확히 파악해야 함을 의미한다. 첫 번째 질문에서 목적지가 설정이 되었으나, 현 위치를 정확히 모른다면 목표 달성을 위해 얼마나 가야 할지를 알 수가 없는 것이다.

이와 관련하여 제일 먼저 소개하고자 하는 것이 '성장곡선'이라고 하는 것이다.

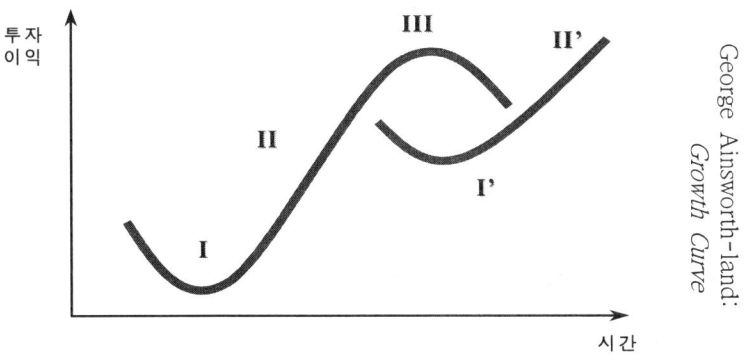

이 곡선은 이미 고전이 되어버린 리차드 포스터(Richard Foster)

의 기술혁신(Innovation)이란 책에 의해 널리 알려진 모델이다. 그러나 그 책에서는 기술의 변화를 다루고 있는데 반해 여기서는 조직의 변화에 초점을 맞추어 정리한 다른 학자인 George Ainsworth-land의 주장을 살펴 볼 것이다(1973년에 발표된 그의 책, *Grow or Die: The Unifying Principle of Transformation* 역시 오래된 고전이지만 그의 모델은 여전히 유효하다). 이 곡선의 의미를 한마디로 말한다면, 모든 기업이나 조직은 새로운 곡선을 끊임없이 만들어냄으로써- 즉, 지속적인 변신을 도모함으로써 - 생존을 지속할 수 있다는 것이다. 이 논리는 이미 현실의 모든 조직 속에서 극명하게 증명되고 있다. 한 가지 예로, 다음과 같은 통계를 들 수 있다.

즉, 2000년도에 삼성경제연구소에서 조사한 자료에 의하면 우리나라의 1990년 당시 30대 기업 중 10년이 지난 1999년 말 현재에도 순위를 지키고 있는 회사는 단지 16개밖에 없다고 한다(상세한 내용은 아래 인용문을 참고할 것). 지난 IMF 지원체제 돌입 이후 이렇게 쓰러져간 대기업들을 우리는 너무도 잘 알고 있다.

10년 전 30대기업 16개만이 자리 지켜

삼성경제연구소에 따르면 아무리 막강한 재력을 갖고 있는 대기업이라도 10년 동안의 생존율은 50%에 불과한 것으로 나타났다. 삼성경제연구소는 '기업순위의 변천과 그 의미'라는 보고서에서 "10년 전인 1990년 국내 30대

기업(매출액 기준)에 속했던 회사 중에서 1999년 말까지 자리를 지키고 있는 회사는 16개에 불과하다"고 분석했다. 또 주식 시가총액 기준으로는 30대 기업 중 9개만이 순위를 유지해 생존율이 30%에 지나지 않았다. 삼성경제연구소는 또 일부 정보통신 기업의 경우 매출 규모는 작지만 시가총액 순위에서 상위 기업으로 떠오르고 있는 현상에 대해서도 주목하고 있다.

삼성경제연구소에 따르면 1999년 말 현재 시가총액 기준으로 계산한 '30대 기업'중에서 데이콤, 하나로통신, 새롬기술, 한글과 컴퓨터, 삼보 컴퓨터, 다음커뮤니케이션 등 7개 회사는 매출액 기준으로는 100위권에도 끼지 못하는 기업이다(물론 코스닥 시장의 침체로 2000년 4월 현재 이들 기업 중 대부분은 30대 기업에서 탈락했다).

대기업의 이와 같은 부침은 최근 공정거래위원회가 발표한 30대 기업진단 현황(자산기준)에서도 확인된다. 공정위에 따르면 1998년 30대 재벌에 선정됐던 대기업 중에서 대우, 해태, 한라, 강원산업, 대상, 신호, 삼양그룹 등 7개 그룹이 제외된 반면 현대정유, 현대산업개발, 신세계, 영풍, S오일(구 쌍용정유) 등이 새로 편입됐다.

탈락된 기업 못지않게 재계의 순위변동도 크게 일어났다. 롯데가 10위에서 6위로 약진했고 효성은 19위에서 16위로, 제일제당도 28위에서 23위로 껑충 뛰어 올랐다. 반면 쌍용은 7위에서 10위로, 대림은 14위에서 17위로, 동부는 16위에서 19위로 내려앉았다.

대기업 부침 가속화, 세계적 추세

흥미로운 것은 이 같은 추세가 한국적인 것만이 아니라는 점이다. 삼성경제연구소에 따르면 1960년 이후 세계 100대 기업의 30년간 잔존률은 38%, 미국 기업은 21%, 일본 기업은 22% 정도에 불과하다. 한 예로 1969년 미국의 25대 기업 중 1999년에도 그 자리를 지키고 있는 회사는 GE, 엑손 모빌,

AT&T, 머크, 코카콜라 등 8개 회사다.

그렇다면 왜 어떤 기업은 세월의 풍파를 이기지 못한 채 몰락하는 운명에 빠지고 또 어떤 기업은 오히려 승승장구를 하는 걸까. 최인철 삼성경제연구소 수석연구위원은 이와 관련, "1990년대 이후 디지털 등 신기술의 확산 속도가 가속화하면서 기업의 부침도 함께 빨라지고 있다"고 말했다. 요컨대 시대를 막론하고 기업의 흥망은 경영환경의 변화에 어떻게 적응하느냐에 달려 있다는 것이다.

한편 대부분의 전문가들은 "기업이 환경변화에 어떻게 적응하느냐는 100% 최고 경영자의 몫"이라고 밝히고 있다. 삼성경제연구소에 따르면 이 같은 경험칙은 '굴뚝주'임에도 불구하고 디지털 시대에도 여전히 강자로 남아 있는 미국의 GE, IBM등의 사례에서 그대로 입증된다.

† 출처: [주간한국, 2000-05-21]

그런가 하면 2005년도에는 LG경제연구원에서 그 해 4월 말 현재 거래소와 코스닥 상장기업 1,584개사의 나이를 조사한 결과, 설립일 이후 이들의 평균 나이가 23.9살로 나타났다고 밝혔다. 거래소 기업들의 평균 나이는 32.9살이었고, 코스닥 기업들은 그 절반 정도인 16.8살로 집계됐다. 그렇게 문을 닫은 기업들은 대부분 자신들이 원해서가 아니라 경쟁에서 도태되었기 때문이리라. 그러니까 성장곡선의 모델에 의하면 이런 기업들은 결국 새로운 곡선을 적절하게 만드는 데 실패한 때문이라고 표현할 수 있는 것이다.

상장기업 평균 나이는 23.9살, 최장수 기업은 동화약품

국내 거래소와 코스닥 상장기업의 평균 나이는 23.9살인 것으로 조사됐다. 최장수 기업은 동화약품공업으로 108살이었다.

LG경제연구원은 5일 '한국의 장수기업'이라는 보고서에서 지난 4월말 현재 거래소와 코스닥 상장기업 1584개사의 나이를 조사한 결과, 설립일 이후 이들의 평균 나이가 23.9살로 나타났다고 밝혔다. 거래소 기업들의 평균 나이는 32.9살이었고, 코스닥 기업들은 그 절반 정도인 16.8살로 집계됐다.

이 가운데 동화약품공업의 나이가 108살로 가장 많았고, 성창기업(89살), 경방(86살), 동양화재(81살), 삼양사(81살) 등이 여든 살이 넘었다.

이밖에 대한통운, 제일은행, 하이트맥주, 금호전기 등이 70대, 유한양행, 한진중공업, 대림산업, 한국타이어, 일동제약, 유유, 기아자동차, 중외제약, 아트라스비엑스, 대선조선, 디피아이 등이 60대로 장수기업 상위 20위권 안에 올랐다.

LG경제연구원은 이들은 ▲한곳에 집중하는 한우물 경영 ▲외형보다 내실 추구 ▲고객중심 경영 ▲끊임없는 혁신 ▲윤리경영 등의 특징을 가지고 있다고 분석했다.

이와 관련 ㈜두산은 "LG경제연구원이 조사 데이터로 쓴 한국신용평가정보의 자료는 두산의 설립일을 맥주업 중심으로 잡아 1952년으로 본 것 같다"며 "그러나 '박승직상점'이 모태인 두산이 109살로 국내 최장수 기업"이라고 주장했다.

† 출처: ⓒ머니투데이(경제신문)

　　그렇다면 왜 새로운 곡선을 그리는데 실패를 하는지 그 일반적
원인을 살펴보기로 하자.

　　그 첫 번째는 '**타이밍**'에 관한 것이다. 우선 앞에서 제시한 원래
의 성장곡선 그림과 다음의 변형된 그림을 비교해 보자. 일견 아래
그림이 오히려 더 자연스러운 연결같이 보이지 않는가?

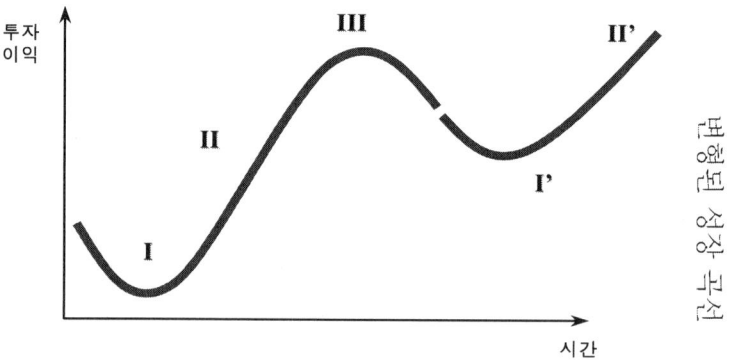

　　그러나 모델이 우리에게 제시하는 정해도(正解圖)는 두 번째 그
림이 아니고 처음 그림이다. 그 이유를 생각해 보자. 모델에서 새로
운 곡선을 그린다는 사실은 다시 1단계를 시작한다는 말과 같다.
그런데 거의 대부분의 경우 1단계라고 하는 상황의 특성은 집중적인
투자와 얼마간의 마이너스 성장을 감수해야 한다. 뿐만 아니라 이미
그 분야에서 2단계에 진입해있는 조직의 맹렬한 공격으로부터 살아
남아야 하는 부담도 무시할 수 없다. 만일 기존의 사업영역이 아직
얼마간 성장의 여지가 있는 상황이라면 - 즉 앞 그림의 상황이라면-
그것은 그 유명한 포트폴리오 모델에서 말하는 소위 '현금젖소

(Cash Cow: 현금공급의 원천)'가 되어 새로운 사업에의 집중적 투자를 가능케 할 것이며, 비교적 쉽게 2단계로 도약하도록 해줄 것이다. 그러나 뒤에 제시된 변형의 경우라면 어떤가? 이미 기존의 사업조차도 빠른 속도로 쇠퇴해 가는 상황에서 새로운 사업을 위한 불리한 경쟁은 조직의 많은 출혈을 강요할 것이 자명하다.

결론적으로, '변신'의 당위성을 인정하는 것도 중요하지만 그 '타이밍'은 더욱 중요하다. 자칫 한발 늦으면 영원히 도태될 지도 모르는 것이다. **'아직 괜찮다'고 생각할 때 변화를 시작해야 한다.**

'타이밍'의 문제는 다시 두 번째 실패 요소와 연결된다. 이번엔 **'공감대 형성'**의 어려움이다. 다시 위의 두 그림을 비교해 보자. 앞에서 말한 바와 같이 앞의 그림이 정해도 임에도 불구하고 사실 현실 속에서 대부분의 조직은 두 번째 그림과 같은 형태를 취하기가 쉽다. 그 이유는 쉬운 말로 '소 잃고 외양간 고치기' 습성이라고나 할까 – 대세가 눈에 띄게 기울어진 이상 다른 선택의 길이 없을 때서야 우리는 변화를 마지못해 수용하려 하는 것이다. 그런 경향이 사람의 본성이다 보니(넘어지는 반대쪽으로 핸들을 틀고자 하는 우리의 본능을 기억할 것이다), 한창 경쟁력을 갖추고 성장을 지속하는 단계에서 위험을 감수하며 변신해야 한다고 하면 어느 누가 쉽게 수긍하겠는가! 이런 적절한 타이밍을 계산해 내는 이들은 조직 내의 소수 그룹인 경우가 대부분이다. 우리가 '체인징 에이전트 (Changing Agent)'라 부르는 이러한 선각자(?)들은 하지만 안타깝게도 현실의 조직 속에서 많은 비난과 공격의 대상이 되기도 하며

'한 알의 밀알'이 되어 밀려나 버리기도 한다.

이렇기에, 대부분의 기업이 '경영혁신'이란 이름 하에 체질 개선 내지는 경쟁력 강화를 위한 시도를 할 때 **실패하도록 만드는 무서운 복병은 자금이나 기술적 문제이기보다는 대부분의 경우 조직원 간의 보이지 않는 갈등과 반목, 알력 등인 것**이다. 그리고 이것은 겉으로 쉽게 드러나지 않는 문제이기에 더욱 심각하고 무섭다.

요약하자면, 성장곡선은 우리에게 조직이나 기업이 변화를 추구함에 있어 실패를 야기하는 두 가지 요인을 말해주고 있는데 그것은 **'타이밍을 놓치는 것'**과 **'공감대 형성에 실패하는 것'**등이다.

이상과 같은 이론들은 필자가 기업을 컨설팅 할 때 항상 강조해서 교육하던 내용들이다. 그러면 골드칼라가 되기를 원하는 독자들에게는 이 모델의 교훈을 어떻게 활용할 것인가? 그것을 제시하면서 이 장을 마무리하기로 하자.

현재 내가 어디에 있는가를 파악하는 것은 바로 성장곡선이 주는 두 가지 교훈, 즉 '타이밍'과 '공감대'를 찾아내는 것과 연결될 수 있다. 개인에게도 기업처럼 성장곡선에서 말하는 1~3단계가 존재한다. 사실 이 모델을 정리한 조지 에인스워스랜드 학자도 원래 생물학자로서 생명체의 일생 주기를 연구하다가, 그 패턴이 여느 사회조직들에게도 존재하는 것을 발견하고 흥미가 생겨 나중에 사회과학을 연구하는 변신을 시도했던 사람이란다. 그러니 생명체 중에 영장인 사람의 일생주기야 이러한 패턴을 그림에 있어서 가장 전형적인 것이 아닐 수 없다.

결국 독자 자신도 **내가 지금 어느 단계에 와 있는지, 변신을 시도해야 하는 타이밍이 언제쯤인지를 끊임없이 생각하고 판단해 나가야 한다는 점**을 강조하는 것이다.

뿐만 아니라 '공감대' 역시 중요하다. 당신의 성공은 결코 당신 혼자 이룩할 수 없다. 주변의 도움이 필수적이다. 이 책 맨 처음에 골드칼라의 특성 중 하나가 나를 지원하는 강력한 인맥을 형성하는 것이었음을 상기하기 바란다. 이 점에 대해서는 이 책 맨 마지막 결론 부분에서 다시 상세하게 다룰 예정이지만 내 주변에서 다양하게 연결되어 있는 이들과의 공감대 형성은 너무도 중요하다.

이러한 기본적 시각을 가지고 이제부터 두 번째 질문, 즉 현상분석의 길을 떠나 보기로 하자.

필자가 강의 중 수강자들의 머리를 식히기 위해 던지는 유머 하나를 소개한다. 강사는 일단 수강자들에게 다음과 같은 퀴즈를 낸다.

"다음에 열거하는 세 가지 사건의 공통점을 찾아내 보세요.

첫째는 붕어빵이 새카맣게 타버린 사건이고, 둘째는 총잡이가 상대방 총에 맞아 죽었습니다. 마지막 세 번째 사건은 처녀가 임신을 한 것입니다. 자, 전혀 다르게 보이는 이 세 가지 사건에 어떤 공통점이 있을까요?"

여러분도 한번 잠깐 생각해 보기 바란다. 힌트를 드린다면 그러한 원하지 않는 결과를 가져 온 원인에 공통점이 있다.

답은…… "늦게 뺐다"이다.

타이밍을 놓치면 우리는 많은 것들을 잃게 되고 손해를 볼 것이다.

이 연금술은 여러분에게 타이밍을 찾는데 도움을 줄 것이다. 끝까지 열심히 읽기 바란다.

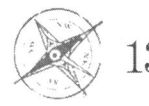# 13_니즈(Needs)분석의 힘_

'타이밍'과 '공감대' 이 두 가지를 확보하기 위한 첫 번째 연금술로서 니즈 분석 기법을 소개하고자 한다.

먼 옛날 우리 조상들은 자기가 필요한 모든 것들을 스스로 생산해서 해결하던 시절이 있었다. 소위 자급자족의 사회를 말한다. 그러나 이러한 원시 사회는 이제 더 이상 존재하지 않는다. 오늘날 우리는 태어나서 죽을 때까지 상거래의 틀 안에서 살아간다(물론 앨빈 토플러가 그의 최근 책『부의 미래』에서 주장하듯이 지구상에는 10억 명 이상이나 되는 사람들이 아직 자신이 생산한 것만 소비하면서 삶을 연명해 가고 있기도 하다. 하지만 이 경우가 이 책을 읽는 독자들에겐 전혀 해당이 안 된다는 전제하에서 하는 말이다). 그런데 그 상거래라는 것이 따지고 보면 상대방의 필요를 채워주기 위해 내가 무언가를 제공하면, 그에 대한 반대급부로 나의 필요를 채울 수 있게 되는 것이라 말할 수 있을 것이다.

따라서 우리의 필요를 채우기 위해서라도 다른 이들의 니즈를 정확히 분석하고 파악하는 것은 필수적인 기술이다. 또한 이러한 니즈 분석 기술은 또 다른 장점을 지니고 있다. '지피지기면 백전백승'이라는 손자병법의 교훈이 나와 상대방을 서로 경쟁해야 하는 관계로 설정하고 그러한 경쟁에서 이기기 위한 기술 중 하나라면, **니즈 분석은 반대로 나와 상대방이 함께 협력함으로써 시너지 효과를 거둘**

수 있는 관계로 설정하여 상생을 추구하는 기술이라는 점이다.

니즈 분석의 성공 사례를 몇 가지 살펴보기로 하자.

우선 필자가 90년대 IT 업계에 종사하며 '정보기술의 전도사' 역할을 할 때 자주 인용했던 조금 오래된 사례를 먼저 소개하고자 한다(노파심에 다시 강조하지만 오래되었다고 무시하는 태도는 위험하다. 최근 50대 인력들의 재입사 사례가 늘어나고 있는 경향에 주목하라. 그들이 가지고 있는 '오래된' 지식과 지혜들이 결코 쉽게 용도 폐기 되어서는 안 된다).

가오(花王)라는 일본 기업의 사례이다. 가오는 일본의 기업으로 시세이도나 라이온과 경쟁하는 화장품 및 세제 제조업체이다. 이 회사는 1970년부터 2000년에 이르기까지 30년간을 수직 성장하는 대기록을 보유한 회사이다. 이 회사가 70년대부터 두각을 나타내기 시작했는데, 그 당시 그들이 구축한 전략정보시스템의 성공은 매우 유명하다. 그런데 그러한 훌륭한 시스템을 설계할 때 그들의 출발점은 언제나 고객의 진정한 니즈를 파악하는 것이었다. 우선 고객을 세분화하여, 도·소매상의 니즈와 최종 소비자의 니즈를 각각 분석했다. 그 결과, 도·소매상의 가장 큰 필요는 '재고의 최소화'임을 파악했다. 이를 해결하기 위해 가오는 그 당시 감히 생각하기 어려운 무선 통신 시스템을 배달 자동차에 장착하는가 하면, 판매 사원들에게 통신이 가능한 단말기를 지급하는 등의 첨단 기술을 과감히 도입했던 것이다.

동시에 그들이 분석한 최종 소비자의 니즈 분석 결과는 가히 고정관념을 뛰어넘는 예리한 통찰력이 아닐 수 없었다. 즉, 소비자들이 단순히 품질 좋고 값싼 제품을 원하는 필요만 있는 것이 아니라, 유사한 제품들 중에 가장 적합한 제품을 합리적으로 선택하고자 하는 필요가 있음을 간파해 낸 것이다. 이러한 필요를 충족시켜 주기 위해 가오는 객장마다 화려한 단말기를 설치해 놓고 고객들을 유인했다. 화면에서는 "귀하가 찾는 물건이 무엇입니까?"라는 질문을 던진 후 고객이 다가와 예컨대 샴푸를 찾는다고 선택하면, 연이어 다음 질문들이 나타난다. 귀하의 성별은? 연령은? 머리카락의 특성은 건성인가, 지성인가, 중성인가? 등등의 질문에 대해 답하고 나면 '짠~' 하는 음악과 함께 화면에 답이 나타난다. "귀하에게 가장 적합한 샴푸는 가오가 최신 발매한 ABC 샴푸입니다." 가오는 이를 이름 하여 에코 시스템이라 불렀다. 그리고 후에는 고객이 자신의 요구사항을 직접 입력할 수 있는 신 에코 시스템으로 업그레이드까지 했다.

이상의 사례가 여전히 너무 오래된 내용이라 성에 안차는 분들을 위해 또 다른 사례를 소개하자면 이번에는 아주 최근에 회자가 되고 있는 『블루오션 전략(김위찬 역 ·르네 마보안 저, 2005)』에 등장하는 수많은 사례들을 들고 싶다.

경쟁이 없는 세상에서 돈을 벌 수 있는 전략이라는 매우 매혹적인 콘셉트를 내세워 세인의 관심을 한 몸에 받았던 이 책에 나오는 성공사례들의 소위 '전략 캔버스'들을 잘 살펴보라. 하나같이 사실은 시장과 고객, 심지어 고객이기를 거부하고 있는 '비고객'들의 니즈를 면밀히

『블루오션전략』에 등장하는 옐로테일의 사례

아직 『블루오션전략』을 읽지 못한 독자들을 위해 한 가지 사례를 인용하고자 한다. 호주의 와인업체 옐로테일이 미국시장에 진출하여 성공한 사례이다. 아래 그림은 1990년대 말 미국 와인 산업의 기존 상황을 전략캔버스란 틀을 이용해 그려 본 것이다. 즉, 프리미엄 와인과 저가 와인으로 양분되어 시장을 나누어 점하고 있는 모습이다.

1990년대 말 미국 와인 산업의 전략 캔버스

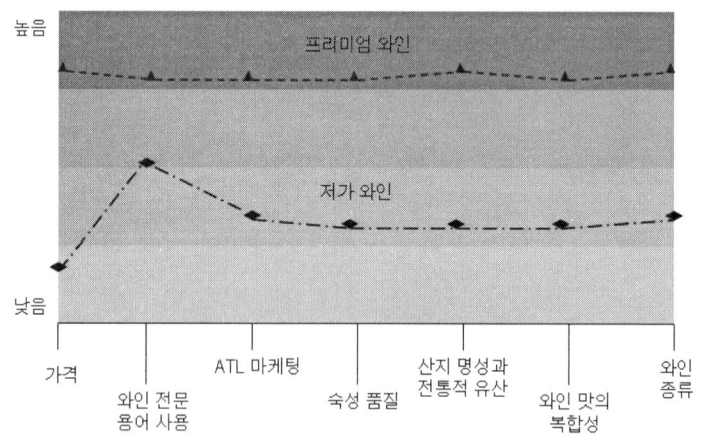

그런데 옐로테일은 미국 시장의 니즈를 면밀하게 다시 분석했다. 그리고 다음과 같은 새로운 전략캔버스를 그린 것이다. 다시 말해서 미국의 소비자들은 와인에 접근하는 것이 너무 어렵고 복잡한 사전 지식이 필요하다는 부담감 때문에 아예 와인 마시기를 포기하고 부담 없는(자신의 무식함이

드러날 염려가 없는) 맥주를 선택하게 되는 경향을 간파한 것이다. 결국 와인을 피해가는 '비고객'들을 대상으로 그들의 니즈를 충족시켜 줄 수 있는 와인을 개발한 것이다.

아래 그림이 바로 새로 그려진 옐로테일의 전략캔버스이다.

옐로 테일의 전략 캔버스

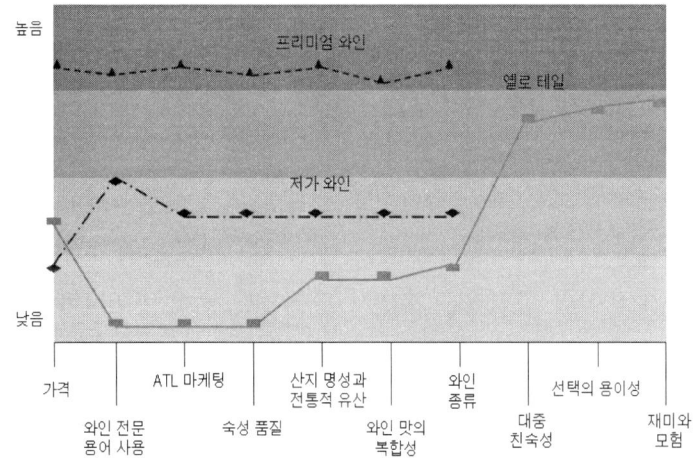

다음은 이 책에 나오는 한 부분을 그대로 인용한 것이다.

"(옐로테일의) 카셀라 와인즈는 와인을 와인으로 공급하는 대신, 맥주, 완제품 칵테일처럼 다른 비와인 주류 애호가 등 누구나 쉽게 마실 수 있는 대중적 주류로 만들었다. 옐로테일은 출시 2년 만에 미국과 오스트레일리아 와인 업계 역사상 가장 빠르게 성장하는 브랜드로 부상했고 미국에서는 프랑스와 이탈리아 와인을 제치고 최다 수입 와인이 됐다."

분석한 뒤 기존 경쟁자들이 미처 해소해 주지 못한 요소들을 절묘하게 간파하여 그린 그림이 바로 저들의 전략 캔버스가 아닌가? 그리고 그러한 요소들을 충족시켜 주는 상품이나 서비스를 개발하여 제공함으로써 새로운 시장을 개척해 내는 효과를 거두게 된 것을 이 책은 경쟁이 없는 푸른 대양에서 마음껏 돈을 벌고 있다고 멋들어지게 표현을 한 것이다.

이처럼, 니즈 분석은 독자들을 경쟁이 없는 세상으로 인도할 수 있는 힘을 가지고 있다. 골드칼라 지망생 여러분들이여, 지금 당장 니즈분석을 시도해 보지 않겠는가?

자, 그러면 '왜' 해야 하는지에 대한 설명은 충분하다고 보는데, 이제는 '어떻게' 니즈분석을 해야 하는가에 대해 말해야 할 차례이다. 필자가 기업 컨설팅을 하면서 활용하던 분석 방법론을 소개해 보자.

니즈 분석을 하려면 우선 대상을 선정해야 한다. 기업의 경우는 소위 상류와 하류로 나누어서 상류에는 공급자들이 있고 하류에는 유통 채널들과 고객들이 존재한다. 앞의 블루오션의 경우처럼 고객의 범주에는 현재는 고객이 아닌 가망고객, 혹은 비고객들까지도 포함하는 것이 필요하다. 개인의 경우는 어떠할까? 당신이 지금 직장인이라면 당연히 회사 혹은 상사를 포함시켜야 한다. 혹 당신이 사업을 하고 있거나 영업을 하는 입장이라면 말 그대로 고객들의 니즈는 가장 중요하다. 필자의 경우는 그 외에도 예컨대 가족들도 포함하여 그들의 니즈를 분석하기도 한다. 어쨌든 여러분만의 개별적 상황에 맞추어서 여러분에게 필요한 인맥들을 파악하고 그들을 니즈 분석의 대상으로 포함시키면 될 것이다.

다음으로는 대상자들의 니즈를 종이에다 열거해 보는데, 소위 브레인스토밍 방법을 동원하는 것이 좋다. 브레인스토밍을 잘하기 위해선 다음의 세 가지 원칙을 지켜야 한다.

■ 다다익선(多多益善)　　■ 비판불가(批判不可)　　■ 표절환영(剽竊歡迎)

무엇보다도 양이 중요하다. 머리를 쥐어짜는 한이 있더라도 많은 필요들이 쏟아져 나와야 한다. 그래야 그 중에 남들이 미처 생각하지 못했던 독특한 필요들이 발견되어 질 가능성이 높다(필자가 컨설턴트들을 훈련할 때는 머리에 쥐날 때까지 생각하라고 주문한다).

한 가지 더 필요한 절차가 있다. 그것은, 상대방의 니즈만 열거하지 말고 그 다음엔 나 자신의 니즈도 열거해 보라는 것이다. 이렇게 양측의 니즈를 모조리 쏟아 내어놓고 들여다보면 이 자료만으로도 우리는 우리의 현주소를 파악하는데 크게 도움이 될 수 있다. 뿐만 아니라 나중에 이를 활용하여 전략을 만들어 내는데도 기초 자료가 된다. 이에 대해서는 이 책 제4부에서 다시 다루게 될 것이다.

다음 쪽에 필자가 컨설팅 했던 한 기업의 샘플 자료를 제시함과 동시에 빈 양식도 그려 놓았으니 독자는 지금 당장 한두 명 정도의 대상을 선정하여 그들과 여러분 자신의 니즈를 열거해 보기 바란다.

● 니즈 분석의 실제 사례

공급자가 우리 회사에 원하는 Needs	우리 회사가 공급자에 원하는 Needs
A. 정확한 스펙 및 도면	1. 납기준수
B. 자재 소요량 및 시기 요청	2. 품질기준 엄수
C. 최고단가 적용 및 현금	3. 최저단가 적용
D. 상호협력관계 유지	4. 신속한 A/S 이행
E. 표준화 요구	5. 개선 아이디어 제공
F. 안전한 제품 취급	6. 제품운반 방법 개선

고객이 우리 회사에 원하는 Needs	우리 회사가 고객에게 원하는 Needs
1. 최저단가	A. 정확한 납품일자
2. 최고품질, 직기 공급	B. 용도 및 검수기준 마련
3. 운전자 안전교육	C. 대금결재 기일 엄수
4. 제조공정 참관	D. 제품취급 시 주의
5. 동종업계 현황 정보	E. 시방서 준수
6. 건설사 시황 정보	F. 자질 및 시공방법 정보

● 당신의 니즈 분석

( )이 내게 원하는 Needs	내가 ( )에게 원하는 Needs
A.	1.
B.	2.
C.	3.
D.	4.
E.	5.
F.	6.

( )이 내게 원하는 Needs	내가 ( )에게 원하는 Needs
1.	A.
2.	B.
3.	C.
4.	D.
5.	E.
6.	F.

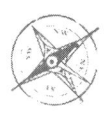 # 14_가짜 애국심을 몰아내자_

앞 장의 니즈 분석의 중요한 장점 중 하나가 내 주변을 둘러싸고 있는 개인이나 집단들을 경쟁상대로 보지 않고 협력의 관계로 보는 관점을 갖는 것이라 이미 언급했다. 그런데 이것은 골드칼라들에게 있어서 매우 중요하다. 오늘날 우리는 갈수록 더 생존경쟁에 노출되다 보니 이제는 무조건 내 주변에 있는 개인이나 집단을 무조건 경쟁의 대상으로 여기는 경향이 있는듯하다. 다시 말하면 개인과 집단의 이기주의가 극에 달하고 있는 느낌이다. 상대를 죽이지 않으면 내가 죽을 것이라는 극한의 대립 감정들이 하늘을 찌르고 있다. 이번 장에서는 이와 관련하여 필자가 수년 전 삼일절에 써 놓았던 글을 옮겨서 우리 골드칼라들의 각성을 촉구하고자 한다.

여든 다섯 번째 3·1절을 맞이하였다.

"우리는 여기에 우리 조선이 독립된 나라인 것과 조선 사람이 자주하는 국민인 것을 선언하노라. 이것으로써 세계 모든 나라에 알려 인류가 평등하다는 큰 뜻을 밝히며, 이것으로써 자손만대에 일러 겨레가 스스로 존재하는 마땅한 권리를 영원히 누리도록 하노라." 이것은 85년 전 33인의 선조들이 파고다 공원에서 낭독한 독립 선언문의 첫 구절이다.

차제에 애국심에 대해 잠시 생각해 보고자 한다. 우리는 무심코 애국심에 대해 착각을 하는 경향이 있는 듯하다. 지난 2002년, 우리나라 사람 모두는 오래도록 잊지 못할 뜨거운 단결의 경험을 했었다. 바로 월드컵 4강 신화에 관한 것이다. 그 때 아마 우리는 모두 '애국자'가 된 기분이었을 것이며, 우리나라 사람들이 이렇게 애국심이 강한가에 대해 놀라기도 했었을 것이다.

하지만 잠깐 멈추어서 엄정하게 따져보기로 하자. 국제간의 스포츠 대결을 할 때 남의 나라를 응원할 대한민국 사람이 있을까? 아주 특별한 경우(예컨대 귀화한 경우거나, 국제결혼을 한 경우 등)가 아니고는 없을 것이다. 그렇다면 이러한 성향은 우리 모두의 본능이다. 이런 것을 애국심이라고 한다면 우리가 학교에서 애국심에 대해 배울 필요도 없고, 애국심이 강한 분들을 '애국지사'라 하여 칭송할 필요도 없을 것이다.

그렇다면 무엇이 진정한 애국심일까? 진정한 애국심이란 남의 나라보다 우리나라를 더 사랑하는 것이 아니라 나 개인보다 나라를 더 사랑하는 것이라고 나는 생각한다. 즉, 전체의 이익을 위해 개인의 이익을 희생할 줄 아는 마음이야말로 진정한 애국심인 것이다. 다시 말해서 이기주의를 극복하는 마음으로부터 애국심이 나오는 것이다. 그렇기 때문에 애국심은 그리 쉬운 것이 아니며, 진정한 애국자는 칭찬을 받을 수 있는 것이다. 결코 월드컵에서 목이 쉬도록 우리나라를 응원했다고 해서 우리 자신들이 모두 애국자가 되었던 것처럼 우쭐할 일이 아니라고 나는 믿는다.

이와 유사한 여러 가지 사례에서 볼 때 우리 국민들은 스스로가 매우 애국적인 민족이라는 자부심이 대단하다. 아마도 우리나라 사람들은 세계에서 그 예가 별로 많지 않은 순수 단일 민족으로 천년 이상을 살아 왔기 때문이라고 생각한다. 그런 이유로 '민족주의'적 성향이 매우 강하게 형성된 것이다. 하지만 문제는 이것을 애국심과 혼동하는데 있다. 집단 이기주의는 결코 애국심이 아니다. 남에게 폐를 끼치면서 나만 잘되겠다고 한다면 이는 비난받아야

함이 당연하듯이 우리나라만 잘 되겠다고, 남의 나라는 배려하지 않는다면 이 또한 바른 태도가 아닌 것이다.

이렇게 '애국심'과 '국수주의'를 크게 혼동했던 대표적 사례는 지난 수년 전 우리나라가 IMF로부터 구제금융 지원을 받던 위기 상황에서도 찾아볼 수 있다. 외국 자본이 활발하게 들어와야 외환의 위기를 극복할 수 있는 상황에서 대부분의 국민들은 오히려 더 빗장을 질러 막아야 한다는 정서를 표출했었음을 모두가 기억할 것이다. 사실상 아직도 우리의 국민 정서는 여기서 크게 벗어나지 못한 듯하다. 외자유치에 관한 한 우리는 아시아 국가 중 하위에 쳐져 있음에 대한 자탄의 목소리를 한두 번 들은 것이 아니다.

어디 그 뿐인가? 요즘 상당수의 국민들은 (특히 젊은 층에서 많이 나타나고 있는데) 북한은 우리와 같은 민족이니까 그들의 낡은 이념이나, 반인권적인 독재 권력의 행사도 덮어주고 감싸 주어야 하는 것이며, 반면 미국이나 일본은 그들이 아무리 우리의 우방일지라도 다른 민족이기 때문에 배척하고 경계해야 한다고 믿는 듯하다.

이런 우리들의 경향이 애국심의 발로라기보다 일종의 집단 이기주의라고 보게 되는 사례는 오늘날 얼마든지 드러나고 있다. 우리 사회 곳곳에서 극렬한 집단이기주의로 인해 심한 몸살을 앓고 있음을 보라. 여당과 야당 사이에서, 노(勞)와 사(使) 사이에서, 좌파와 우파 사이에서, 그리고 지역과 세대에 이르기까지. 모두가 국가 전체의 이익을 위해 자신을 희생하고자 하는 양보심은 온데간데없어지고 자신이 속한 집단의 이익에만 혈안이 되어있지 않은가 말이다.

결론은 자명하다. 우리는 분명 집단적 이기주의를 애국심이라 착각하고 있다. 그렇기에, 스포츠 경기에서 다져진 단결심과 열정을 엉뚱하게도 학연과 지연, 혈연 등으로 뭉쳐진 자신이 속한 집단의 이익을 위해 자신의 몸을 불사르기까지 하는 쪽으로 발전시키고 있는 것이다.

오늘은 우리의 선조들이 붉은 피를 흘리며 우리 민족의 자유를 위해 맨 손으로 나섰던 잊어서는 안 될 역사적 독립운동이 있은 지 85주년이 되는 날이다. 진정한 애국심을 발휘하였던 그 분들이 피를 토하며 외친 선언문 첫 글귀에 "세계 모든 나라에 알려 인류가 평등하다는 큰 뜻을 밝히며 ……"란 표현이 있음은 매우 의미심장하다. 세계의 모든 인류를 이웃으로 받아드리 고 함께 살아가야 할 이 21세기에 우리의 현 주소는 어디에 와 있는가? 세계 는커녕 같은 민족끼리도 아직 우리는 서로의 멱살을 잡고 난투극을 벌이는 가 하면, 화염병과 최루탄을 날리며 싸우고 있다.

오늘 이 연금술사는 이 땅의 골드칼라들에게 간절히 외치고 싶다. 진정한 애국심을 되찾는데 우리가 앞장서자고. 축구장에서 목청껏 외쳤던 그 정열을 이 민족의 이기심을 몰아내고 각자가 희생정신과 양보정신으로 국가의 백년 대계를 생각하는 그런 분위기를 만들어 나가자고 말이다. 그럴 때에야 우리 가 85년 전 붉은 피를 흘리며 순국한 조상들에게 면목이 서지 않겠는가 (2004. 3. 1 월요일).

책의 원고를 정리하는 즈음에 신문과 TV에서 나의 이러한 시각 을 뒷받침해 주는 뉴스거리가 등장했다. 그것은 유엔이 한국에서 '단일 민족'을 강조하는 것은 국제적인 기준으로 볼 때 인종차별적 행위에 해당할 수 있으므로 정부가 다른 인종이나 국가 출신에 대 한 차별을 근절하기 위해 앞장서야 한다고 권고했다는 내용이다. 그리고 이에 대해 중앙일보 칼럼을 통해 이훈범 논설위원은 다음과 같은 글을 기고했다.

(전략)

2003년 일본 국립유전자협회의 한국인 DNA 분석 결과를 보면[『우리 역사를 바꾼 귀화 성씨(박기현)』] 한국인 고유의 DNA형은 40%에 불과하다. 중국인 형(型)은 22%, 오키나와인 형이 17%에 이른다. 고대로부터 한국과 중국·일본 사이의 인적 교류가 활발해 상당부분 공통적인 DNA 구조를 갖게 됐다는 얘기다. 국내 연구기관의 분석 또한 다르지 않다. 그것이 우리가 자랑하던 단일민족의 실체다.

며칠 전 "단일민족 이미지에 집착 말라"는 유엔 권고는 그래서 더 아프게 다가온다. "한국에서 일반적으로 사용되는 순혈(pure blood), 혼혈(mixed bloods) 용어조차 인종적 우월주의를 드러낸 것"이라는 지적인데 알몸을 보인 것처럼 얼굴이 화끈거린다. 우리가 목청 높이는 순수혈통주의가 백인 앞에선 주눅 들면서 흑인이나 동남아시아인 앞에선 거들먹거리는 비뚤어진 모습을 하고 있어 더욱 그렇다. 같은 혼혈이라도 백인계가 흑인계보다 대접받는 건 인종차별 말고는 달리 설명할 길이 없다.

국민 8명당 1명이 국제결혼을 하는 시대다. 순혈주의는 용도 폐기될 운명이란 얘기다. 프랑스 같은 나라에선 헝가리 이민 출신이 대통령이 된다. 그의 부인조차 유대계와 스페인계 부모를 가져 프랑스 피는 한 방울도 안 섞였다. 그래도 그들은 프랑스인이며 프랑스 국민 누구도 그들의 혈통을 문제 삼지 않는다. 우리에게도 이미 그것은 현실이 됐다. 단일민족이라는 시대착오적 생각은 세계로 향한 도약대 앞에서 발목을 잡을 뿐이다.

† 출처: 『중앙일보』, 2007-08-21.
  http://article.joins.com/article/article.asp?total_id=2858015

필자의 결론은 이렇다. 개인 대 개인이든, 혹은 조직 대 조직이
든, 더 나아가 국가 대 국가, 인종 대 인종 모든 규모에서 우리 골드
칼라들은 이제 서로를 적으로 대하는 관점에서 벗어나 서로 '윈윈'
하는 길을 모색하는 한 차원 높은 원칙을 추구해 나가자는 것이다.
그리고 그것은 진정한 애국의 길이기도 할 것이다.

15_사오정과 화백_

세태를 반영하는 무수한 신조어들이 탄생하고 있다. 일간지에까지 소개된 바 있는 2003년도에 유행한 신조어 시리즈에 '오륙도(56세에도 퇴직하지 않고 붙어 있으면 도둑놈)', '사오정(45세가 정년)', '38선(38세가 되면 물러날 준비를 해야 함)' 등이 있음은 이제 삼척동자도 다 안다. 그런데 더 충격적인 뉴스는 '인쿠르트'라는 온라인 취업정보 업체의 최근 조사 결과이다. 다음은 중앙일보 2007년 6월 27일에 난 기사의 일부분을 인용한 것이다.

> 직장인 3천876명을 상대로 인크루트가 '자신의 예상 정년'을 조사한 결과 평균 46세로 집계됐다. 특히 연령이 낮을수록 예상 정년이 낮아져 20대는 예상 정년이 38.5세, 30대 45세, 40대 52.8세, 50대 이상 61.8세를 자신의 정년으로 보고 있었다. 직장인들이 삼팔선(38세 퇴직)이나 사오정(45세 정년)이란 말이 더 이상 특이한 신조어가 아닌 현실로 받아들이고 있다는 사실을 반영하는 숫자다.

현실을 꼬집기 위해 만들어진 신조어가 직장인들의 의식까지 점령해 버린 셈이다. 그 결과 우리 대부분은 이러한 세태에 대해 자조 섞인 불만들을 털어놓곤 한다. "도대체 이렇게 일찍 조직에서 쫓겨나면 나머지 반평생을 어떻게 보내란 말인가?"

그런데 오늘 연금술사는 좀 다른 시각에서 이에 대해 피력해 보고자 한다. 독자들이 오늘 이야기의 요지를 짐작하도록 돕는 키워드가 바로 '화백'이라는 또 하나의 은어이다. 이 말은 화가를 높여서 부른 말이 아니라, '화려한 백수'의 준말이다. 56세가 되었든 45세가 되었든, 아니면 심지어 38세에 은퇴를 했든 그것으로 인생이 황혼 길을 걷는다고 생각하지 말자. 우리에게 '화백'의 길이 놓여 있으니 말이다. 사실, 많은 봉급쟁이들의 솔직한 꿈이 바로 이 '화백의 삶'이라고 말할 수도 있지 않은가?

이러한 주장이 마치 '신포도의 우화' 식의 자위(自慰)하는 말처럼 들리는 분들을 위해 중요한 근거 자료를 하나 제시하고자 한다. 2002년도 3월에 미국의 한 중국계 박사(Sing Lin, Ph. D.)가 짧은 논문을 하나 발표했다. 그 제목은 "창의력과 장수(長壽)를 위한 최적의 전략(Optimum Strategies for Creativity and Longevity, 2002)"이었다. 이 논문에서 그는 미국의 주요 대기업을 은퇴하고 연금을 타는 사람들의 통계를 분석하고 아주 놀라운 결과를 발견하였음을 주장하였다. 표에서 보다시피 50세 미만에 퇴직을 한 사람은 평균 86세까지 살면서 연금을 타갔지만, 그 평균 수명은 퇴직 연령이 높아질수록 짧아져서 65.2세에 은퇴한 사람의 그것은 겨우 66.8세에 그쳤다는 것이다.

놀라운 일 아닌가? 말하자면 **65세까지 직장생활을 한 사람들이 '뼈 빠지게' 벌어서 갹출한 기금의 혜택을 정작 제대로 누린 사람들은 일찍 퇴직한 사람들이었다**는 기막힌 사실이 미국에서 입증된 것이다.

퇴직 연령	평균 사망연령
49.9	86.0
51.2	85.3
52.5	84.6
53.8	83.9
55.1	83.2
56.4	82.5
57.2	81.4
58.3	80.0
59.2	78.5
60.1	76.8
61.0	74.5
62.1	71.8
63.1	69.3
64.1	67.9
65.2	66.8

　물론 이 이야기는 미국의 예이다. 아마도 한국의 경우는 정반대로 나타날 가능성이 매우 높다. 그 이유는 대부분 짐작하겠지만 대한민국의 직장인들은 일이 전부인 채 살아왔기에 일자리를 잃으면 모든 것을 잃은 것이라는 패러다임이 강하게 자리 잡고 있기 때문일 것이다. 다시 말하면 '백수로 살아가는' 훈련이 되어 있지 않을 것이라는 짐작이 충분히 가능한 것이다. 그러나 미국인들은 그렇지 않았다. 그들에게는 직장은 삶을 풍요롭게 살아가기 위한 수단이라는 인식이 분명했고, 결국 직장을 떠나서도 얼마든지 가족과 함께

인생을 즐길 줄 알았던 것이다. 물론 그들이 직장을 떠났다고 완전히 '일에서 손을 떼었다'는 의미는 아니다. 위의 논문에서도 밝히듯이 그들은 퇴직 후에도 파트타임 형식의 일을 꾸준히 계속 해왔다. 그러나 이때도 중요한 전제 조건이 하나 있다. 즉, 자신들이 좋아하는 일을 했다는 것이다. 여기서 우리는 오늘 이야기의 본론인 **'화백의 조건'**을 살펴볼 차례이다.

'화려한 백수'란 완전히 놀고먹는 '건달'과는 전혀 다른 종류의 사람들이다. 그들은 다음과 같은 세 가지 조건이 갖추어져야 한다 (이미 퇴직한 분만을 위한 정보가 아니다. 오히려 아직 직장생활을 하고 있는 분이야말로 귀를 기울여야 할 것이다).

첫째, **'신바람이 절로 나는 일'을 선택해서 한다.** 이는 연금술사가 만들어내고자 하는 골드칼라들과 일치하는 특성이다. "어찌 이 험한 세상에서 내 입맛에 맞는 일만 골라서 할 수 있겠는가?"라고 항의하고 싶은가? 아니다. 21세기는 치열한 경쟁의 시대이다. 하기 싫은 일 억지로 하는 사람은 결국 성과도 나지 않고 금방 도태될 뿐이다. 용기를 가지고 자신의 내면에서 우러나오는 열정을 포기하지 말라. 얼마 전 개봉된 「캐치 미 이프 유 캔」이란 영화에서 보면 (이 영화의 스토리는 1960년대 미국에 있었던 실화이다) 심지어 위조지폐 만들기에 미쳐있던 주인공은 결국 위조지폐 범죄를 소탕하는 유능한 FBI 요원이 되어 활약하게 된다. 무언가에 '미친다'는 것은 그 분야에 대한 열정이 넘친다는 의미이고 그렇게 열정을 쏟아 부으면 언젠가 그 일이 내게 '골드'가 되어 보상된다는 교훈을 새삼 확인시켜 주는 이야기가 아닐 수 없다.

이렇게 훈련된 이들은 결국 몸값을 키우게 되고 그 결과 조직에 얽매이지 않고 스스로 선택해서 일을 할 수 있는 프리랜서 스타일로 발전하게 된다. 그러면 일단 화백의 길로 들어섰다 할 것이다.

둘째, **화백은 NQ 지수가 높다.** IQ가 지능지수라면 NQ가 인맥지수인 것은 이미 상식화되어 있다. 아무리 재력이 있고 시간이 많아도 함께 인생을 즐길 친구가 없으면 그것도 삭막하다. 더군다나 프리랜서 형태의 일을 하면서도 인맥이 없으면 곤란하다. 지금 직장생활을 하고 있는 분들도 이를 명심해야 한다. 인맥을 확장하고 NQ를 높이는 것은 아무리 강조해도 지나치지 않은 시간과 노력 투자의 우선순위가 되어야 할 것이다.

셋째, **'부자'가 되어야 한다.** 가난하면 화백이 아니라 '불백' 즉, '불쌍한 백수'가 된다. 그래서 요즘 시중에 애용되는 새로운 인사 중 하나가 '부자 되세요!'이다. 그런데 중요한 것은 여기서 말하는 부자가 결코 돈이 많은 사람을 의미하는 것이 아니라는 점이다. 진짜 부자는 마음이 풍요로운 사람이다. 긍정적이고 낙천적이며 세상과 사람을 사랑하는 사람이다. 그런 사람은 돈도 따라오고, 건강과 친구들도 항상 따라 다니게 마련이다. 이제 술자리에 앉기만 하면 정치에 대해, 사회에 대해, 그리고 소속된 조직에 대해 불평하고 비판하는 말들을 그만 멈추기로 하자. 대신에 우리가 만들어 갈 미래의 희망에 대해 이야기 하자. 전혀 움직임이 없어 보이지만 어김없이 한 시간에 한 칸씩 움직이는 시침처럼, 우리 사회가,

정치가, 그리고 인류가 조금씩 진보하고 있음을 믿는 믿음을 이야기
하자. 이제 그대 앞에도 화백의 길이 열려 있을 것이다.

16_ Π(파이)자형 인간_

우리의 현재 모습을 평가해 보기 위한 또 하나의 상징을 소개하고자
한다. 이것도 전문가들이 이미 다양한 경로로 소개했던 내용인데 필자
가 나름대로 보완하여 다시 정리한 것임을 밝힌다.

90년대에는 컨설턴트들이 T(티)자형 전문가에 대해 이야기했다.
이에 대해 먼저 설명한 뒤 Π(파이)자 인간형을 소개하는 것이 순서
일 것이다. T자는 수평을 이루는 선과 수직을 이루는 선이 각각
하나씩 있는 형태이다. 이러한 형태가 상징하는 바는 다시 다음과
같은 영문으로 표현이 가능하다.

You should know something in everything as well as everything
in something as a professional.

여기서 'everything in something'이란 '수직선으로 상징되는바
어떤 특정 분야 - 즉 전공분야에 대해서는 - 모든 것을 아는' 독보적
인 존재가 되어야 한다는 말이며, 반면 'something in everything'이
란 말은 '모든 분야에 대해 어느 정도는 알고 있어야 한다'는, 즉
폭넓은 상식을 지니고 있어야 한다는 말이다. 요컨대, **T자형 인간**
은 자기 전공분야에서 깊이 있는 독보적 전문지식을 지니고 있으면
서 동시에 다른 다양한 분야에 대해서도 폭넓은 상식을 자랑할 수
있는 인간인 것이다. 어떤가? 이만하면 충분한 경쟁력을 갖추었다고

할 만하지 않은가?

그런데, 놀랍게도 21세기에 접어든 지금의 답은 '아니다'이다. 이제는 한 걸음 더 나아가 Π(파이)자형 인간이 되어야 한다고 전문가들은 주장한다. 그렇다면 그 의미는 무엇이겠는가? 아마 여러분은 대충 짐작이 갈 것이다. T자와 Π(파이)자의 다른 점은 수직선이 하나 더 있다는 것이다. **폭넓은 상식과 더불어 우리는 이제 전공분야를 적어도 두 개 이상 갖추어야 한다.** 이에 대해 조금 더 살펴보자.

디지털 사회에서 가장 큰 인류의 과제는 인간성과 기술의 조화이다. 기술이 인간 사회에 차지하는 비중은 이제 너무 커져서 오히려 인간을 소외시킬 위험수준까지 와 있다. 그렇다고 기술을 배제할 수는 더더욱 없다. 그래서 조화가 관건인 것이다. 인간과 기술의 조화 - 이것을 우리의 조직 생활에서 부딪히는 현실적 표현으로 바꾼다면, 경영부문과 기술부문간의 조화, 또는 영업과 기술의 조화 등이다. 과거에 우리는 둘 중 하나를 선택하면 되었다. 영업을 잘하는 사람은 기술에 대해 문외한이라도 상관없었고, 반대로 기술에 뛰어난 사람은 영업이나 인간관계 등에는 부족해도 경쟁력에 큰 지장이 없었던 것이다. 그러나 지금은 어떠한가?

이 대목에서 필자가 여전히 주로 IT 전문가들을 대상으로 많은 교육과 훈련을 하고 있는 입장에서 아주 요긴하게 참고하고 있는 책 한권을 소개해 보자.

폴 글렌(Paul Glen)이 2003년도에 출간한 책으로 *Leading Geeks* -『IT 전문가를 위한 리더십(성영식 역, 2005)』- 란 책이 있다. '긱스'란 단어는, 일반 사전에는 '엽기적인 흥행사'와 같이 아주 부정적인 의미로 쓰여 있지만 실제 미국에서는 IT 전문가들과 같이 개성이 뚜렷한 지식근로자들을 일컫는 속어로도 쓰이고 있다고 한다. 아마 우리의 키워드 골드칼라와도 사촌쯤 되지 않을까 싶다. 이 책에서는 일반 관리자들이 일반적(경영학에서 배운 바대로의) 리더십을 '긱스'들에게 그대로 적용하면 실패한다는 것을 지적하고 있다. 따라서 그들의 특성을 제대로 파악하고 그들에게 맞는 변형된 형태의 독특한 리더십이 필요하다는 주장을 한다. IT 전문가들을 관리 감독하는 리더 자리에 있는 분들은 꼭 한 번 읽어보기를 권한다.

필자의 강의가 IT 전문가들에게 환영을 받는 것도 (적어도 현재까지는 그러했다고 스스로 평가함을 독자는 너그럽게 양해 바란다) 필자 자신이 IT 업계에서 20년 가까이 종사하면서 스스로 '긱스'의 특성을 지닌 골드칼라가 되어있기 때문이라고 믿는다.

얘기가 좀 빗나갔는데, 이 책에서는 '긱스'를 통솔하는 리더십의 요령뿐만 아니라, '긱스' 자신들이 어떤 능력을 스스로 계발해 나가야 하는지도 제시하고 있는데 이를 소개하고자 책 얘기를 좀 장황하게 늘어놓고 말았다.

다음의 12가지 능력이 이 책에 열거되어 있다.

- 기술적 능력
- 개인의 생산성
- 여러 가지 일을 동시에 할 수 있는 능력

- 기술 업무를 사업의 맥락으로 표현하는 능력
- 사업과 기술 간의 제약을 절충하는 능력
- 고객 관리 능력
- 기술팀 관리 능력
- 긍정적 정치 능력
- 다양한 고객층을 확보하고 유지하는 능력
- 상대방의 생산성을 높이는 능력
- 모호함을 관리하는 능력
- 시간관리 능력

† 출처: 성영식 옮김, 『IT 전문가를 위한 리더십』 (삼각형프레스 출판, 2005).

위의 능력들 중 상당 부분은 결국 자신의 전공 분야인 IT 능력보다는 대인관계와 관련된 경영학적인 능력을 요구하고 있음을 확인할 수 있다.

요약하자면, II(파이)자형 인간이 갖추어야 할 두 개의 전공분야란 주로 자연과학 부문과 인문과학(혹은 사회과학) 부문에서 각각 하나씩을 선택해서 함께 소양을 쌓아 나가야 한다고 말할 수 있겠다. 수평선이 의미하는 폭넓은 상식은 기본이고……

결론적으로 지식 근로자들이 21세기의 경쟁에 승리하기 위해선 II(파이)자형 인간을 지향해야 한다. 독자 여러분의 현재 모습은 어떠한가? 한 번 냉철하게 자문해 볼 일이다.

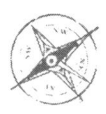# 17_무공의 고수가 되는 조건_

앞 장에서 말한 경영과 기술 두 가지 모두를 겸하는 인간형과 관련하여 이번에는 무공(武功)이라는 상징을 이용해서 한 번 생각해 보고자 한다.

요즘 젊은이들은 컴퓨터 게임이나 인터넷에 빠져 며칠 밤을 꼬박 새우고는 한다. 그런데 예전 컴퓨터가 보급되기 전 - 느낌으로는 마치 수 세기 전의 세상 이야기 같지만 사실 2,30년 전밖에 안된 추억이다 - 필자가 청소년이었을 때는 소위 무협지를 읽느라 밤을 새우곤 했었다. 덕분에 무공 쌓기에 대한 제법 폭넓은 상식이 형성되어 있다.

우선 무공에 관한 몇 가지 재미있는 지식을 정리해 보자(이 방면에 취미가 있는 분들이야 다 아는 내용이겠지만 관심이 없던 분들에게는 아주 새로운 지식이 될 수도 있을 것이다). '무공을 연마한다'고 할 때 이 무공은 크게 외공(外功)과 내공(內功)으로 나누어진다. 외공은 주로 신체를 단련하고 각종 무술을 익히는 것을 의미하며, 구체적 무술로는 검법(劍法), 도법(刀法), 창법(槍法), 봉법(棒法), 권법(拳法), 장법(掌法) 등이 있다. 그런가 하면 내공은 요즘 유행하는 단전호흡(丹田呼吸) 등 숨을 뱉고 쉬는 소위 토납술(吐納術)을 통해 몸 안의 무형의 힘인 기(氣)를 쌓아 나가는 것을 의미한다.

일반적으로 수련 순서는 먼저 외공부터 시작을 하게 되는데, 재미있는 것은 외공을 수련하여 일정 경지에 이르면 두 가지 큰 신체의 변화가 발생한다는 점이다. 첫째는 '태양혈'이라는 혈(血)자리가 발달한다. 이 태양혈이란 우리 얼굴의 광대뼈 부위에 해당한다. 그렇기 때문에 운동이나 신체적 단련을 오래 한 이들을 보면 광대뼈가 발달하여 왠지 우락부락해 보이는 것이다. 그런가 하면 또 다른 변화가 나타나는데 이번엔 눈에서 쏟아내는 빛이 강렬해진다고 한다. 유식(?)하게 표현하면 '안광(眼光)이 형형(熒熒)하게' 되는 것이다. 결국 외공을 오래도록 닦은 이는 겉모습만 척 봐도 그 무공의 깊이를 대강은 짐작할 수 있게 된다는 말이다.

그런데 이 정도로 외공이 일정 경지에 이른 '고수'는 이제 진정한 '최고수'가 되기 위해서 내공을 쌓아 나가야 한다. 몸 안에 쌓인 기(氣)라고 하는 무형의 힘을 각종 무술을 펼칠 때 함께 실어 내보낼 수 있어야 진정한 파괴력을 갖게 되기 때문이다. 그렇다면 내공을 오랫동안 수련하여 내·외공을 겸비한 진정한 초절정 고수가 되었을 때는 어떤 변화가 일어나게 될까? 이것이야말로 오늘 우리가 귀담아 들어야 할 부분인데, 놀라운 것은 이렇게 초절정 고수가 되면 비정상적으로 발달했던 태양혈이 다시 정상으로 돌아가게 되며, (이러한 현상을 환골탈태(換骨奪胎)라고 한다) '형형하던' 눈빛은 스스로 조절할 수 있는 능력이 생긴다는 것이다. 결국, 이러한 진정한 고수들은 자신의 강렬한 안광을 안으로 적절히 갈무리하고 나면 겉으론 전혀 무공을 모르는 백면서생(白面書生)처럼 자신을 가장할 수가 있게 된다나 어쩐다나! 어설프게 무공을 익힌 초짜가 만일 이런 초고수의 겉모습만 보고 거들먹거렸다가는 그 결과는 아무도 책임지지 못할 것이 너무도 자명하다.

우리 속담에도 비슷한 교훈을 담은 것들이 여럿 있다. '익은 벼가 고개를 숙인다'라거나 혹은 '빈 수레가 요란하다'는 등을 쉽게 떠올릴 수 있을 것이다.

결론을 말하자면 **파이자형 인간이나 무공의 고수가 된 인간들은 '적당히' 형성된 어설픈 지식에 자만하지 않으면서 더 높은 경지를 향해 끊임없이 자신을 단련해 나가고 있음을 잊어서는 안 될 것**이다.

이 장을 마무리하기 전에 연금술사가 현장에서 경험하는 한 가지 사례를 더 소개하고자 한다.

필자가 지난 수년 간 기업체 임직원들을 대상으로 다양한 주제의 교육과 훈련을 시켜오면서 가장 자주 듣는 질문이 있다. 그것은, "강의장에서 배우는 내용들이 현장에서 벌어지는 현실과는 너무 동떨어져서 적용하기 힘들 것 같다"는 것이다.

사실 이런 신랄한 질문을 받으면 솔직히 필자로서도 곤혹스럽지 않을 수 없다. 실제로 나 자신도 20년 가까이 직장생활을 경험해 왔기에 저러한 질문들이 얼마나 사무치는 하소연인지 잘 알고 있기 때문이다.

결국 수강자들에게 적절한 답을 제공하기 위해 고심하던 필자가 마침내 찾아낸 해법이 바로 무공의 지식을 활용하는 것이었다.

연금술사가 생각건대, 외공을 쌓는 것은 마치 직장인들이 그저 몸으로 부딪치면서 현장에서 경험을 통해 쌓아가는 '감각'과 '노하우' 등에 해당한다. 반면, 내공을 쌓는 것은 바로 교육을 통해 업무 수행에 대한 본질과 원칙들을 배우는 것임을 특히 강조하고자 한다. 좀 더 구체적으로 표현하자면, 외공의 고수들이 아무리 우락부락한 강한 육체와 형형한 눈빛을 발하며 위협을 가해 올지라도 백면서생을 가장한 내공의 초고수들에게 당할 수가 없듯이, **원칙과 본질에 대한 깊은 지식과 통찰력의 기초를 튼튼히 다진 그 위에서 현실의 응용력을 발휘하는 진정한 고수들이 결국은 승리할 것이라는 굳은 믿음**을 연금술사는 결코 버릴 수가 없다.

바야흐로 세계화의 거센 물결로 지구는 촌락화한지 오래고, 우리는 매일 '글로벌 경쟁'이니 '글로벌 스탠더드'니 하는 말을 들으며 살고 있다. 실제로 최근 몇 년 동안에 글로벌 스탠더드를 소홀히 여기다가 순식간에 몰락한 기업이나 개인을 우리는 쉽게 열거할 수 있을 정도이다. 그래서 정말 다른 어느 때보다도 우리는 절실하게 '내공'을 쌓아 나가야만 한다.

오늘도 무공을 쌓기에 여념이 없는 대한민국의 골드칼라(혹은 골드칼라 지망생)들에게 격려의 박수를 보내며 잠시 펼쳐 보았던 상념의 나래를 접는다.

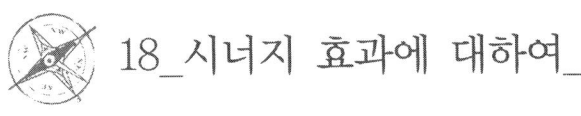# 18_시너지 효과에 대하여_

앞의 두 장에서 다룬 파이자형 인간이나 무공의 고수형 인간은 모두 2가지 요소가 겸비된 골드칼라들을 상징하는 것들이었다. 이와 관련하여 한 가지 더 강조할 것이 있는데 이들에게서 뿜어져 나오는 힘은 그 두 가지 요소를 단순히 합해 놓은 것보다 훨씬 크다는 사실이다. 즉, 1 더하기 1이 2가 되는 것이 아니라 3이나 혹은 그보다 훨씬 큰 숫자가 될 수 있다. 우리는 이를 가리켜 시너지 효과라고 한다.

그런데 시너지 효과는 개인이 겸비한 요소들로부터만 오는 것이 아니라 여러 사람(혹은 여러 조직)이 협력을 할 때 더욱 크게 나타난다. 제3부 첫 장에서 다룬 니즈 분석도 결국 이러한 시너지 효과를 노리는 관점에서 제시된 것임을 기억할 것이다.

그래서 연금술사가 권하는 것은 우리의 현재 위치를 파악할 때도 혼자 하지 말고 주변의 도움을 받아 함께 분석하라는 것이다. 조직의 경우라면 더 말할 나위도 없다. 대부분의 기업들이 워크숍 형태를 이용하여 분석 작업을 하는 것은 이제 당연한 절차로 여겨지고 있다. 하지만 연금술사가 권하는 것은 개인조차도 가능하면 둘 이상이 모여 함께 의논하라는 것이다. 제일 좋은 것은 배우자나 가족들의 도움을 받는 것이 되겠다. 아니면 절친한 친구나 동료도 좋다.

이와 관련하여 필자의 또 다른 현장 사례를 소개하기로 하자.

팀워크의 효과를 실감하기 위해 연금술사는 직장인들을 훈련시키는 중에 재미있는 게임을 실시하고는 한다. 소위 '생존게임'이라는 것이다. 참가자들이 달나라에 탐사를 나섰다가 달 표면에 착륙한 모선으로부터 수백 킬로미터 떨어진 곳에서 탐사선이 고장을 일으키고 불시착을 하게 된다는 가상의 상황을 설정한다.

참가자와 그 동료들은 이제 수백 킬로미터를 걸어서 모선까지 가야 할 판이다. 그런데 주변에 흩어져있는 물품들을 주워보니 산소통 등 15가지가 사용 가능한 상태이다. 그런데 이 물품들을 모두 다 가져갈 수는 없는 노릇이다. 시간도 촉박하고 여러 가지 여건이 여유가 없기 때문이다. 이 때 어떤 물품부터 챙겨가지고 떠나야 할지 결정하기 위해 그 15가지 물품의 우선순위를 매겨 보는 것이 과제이다.

시간을 제한시켜 놓고 참가자들에게 우선 각자 개인적으로 고민을 해서 우선순위를 매겨 보도록 지시한다. 그렇게 개인 작업이 끝나면 이번에는 4~5명씩 팀을 구성해서 역시 주어진 시간 안에 함께 토의를 거쳐 합의안을 만들어 보도록 지시하는 것이다. 이 때 주의할 점은 개인적으로 만든 우선순위를 건드리지 말 것과 평균치를 계산하는 식의 합의가 아니라 충분한 토의를 통해 공감대를 형성하도록 할 것을 사전에 요구해야 한다.

마지막으로 할 일은 정답과 각자가 만든 우선순위 사이에 얼마나 차이가 있는지를 계산해 보는 것이다. 여기서 정답은 미국의 항공우주국(NASA)이 매긴 우선순위이다. 그들보다 더 전문가는 없을 테니까.

이런 과정을 거치면 어떤 결과가 나올까? 필자는 이 동일한 게임을 지난 수년간 수십 차례 실시해 보았다. 그런데 결과는 정말 나 자신도 놀랄 정도이다. 즉 거의 90% 이상의 경우 개인이 생각해 낸 답보다 4~5명이 30분~1시간 정도 토의를 해서 만들어 낸 합의안이 더 정답에 가까워졌다! 팀의 합의안보다 더 좋은 점수를 받은 개인은 언제나 참가자 전체의 10%가 채 안 되었다는 말이다.

아무도 경험해 보지 못한 상황에 대한 방안을 논의하는 경우일지라도 **'혼자 독단적으로 결정을 내리는 것보다는 여러 명이 모여서 함께 머리를 맞대고 합의안을 만들어 내는 것이 훨씬 정확하고 안전하다'**는 교훈을 필자는 이러한 현장 경험을 통해 확고하게 배우게 된 것이다.

필자는 이 게임을 마무리하면서 참가자들에게 또 한 장의 별도 배포물을 나누어 준다. 거기에는 다음과 같은 질문들이 들어 있어서 각자가 스스로의 태도에 대해 평가해 보도록 한다.

- 나는 서로 존중하며 토의하였는가?
- 나는 책임과 일의 량을 잘 분담하였는가?
- 나는 다른 사람의 아이디어 노력에 대해 이해하고 지원하였는가?
- 나는 상황에 따라 서로 다른 역할을 했는가?
- 나는 다른 사람의 필요성에 대해 인식하였는가?

- 나는 다른 사람의 의견을 효과적으로 경청하였는가?
- 나는 토의에 적극적으로 참여하였는가?
- 나는 결과(What) 및 진행과정(How)에 대하여도 중요하게 생각하였는가?
- 나는 서로의 장단점에 대해 의견을 나누었는가?
- 나는 도출된 아이디어나 의견을 유연성 있게 적용하였는가?

우리가 하는 모든 일에서 시너지 효과를 거두기 위해서는 물론 이러한 성숙한 토론 문화가 선행되어야 할 것이다. 이를 위해 자신을 갈고 닦는 것, 이것 또한 골드칼라가 되기 위한 필수 조건이기도 하다.

 19_골드칼라와 골드미스_

제3부를 마무리함에 있어 최근 우리의 세태를 반영하는 또 하나의 신조어 '골드미스'에 대해 잠시 조명해 보고자 한다.

올드미스와 발음이 비슷하면서도 무언가 재력이 갖추어진 여성 싱글들을 상징한다는 뉘앙스가 물씬 풍기는 닉네임이다.

우선 역시 네이버 지식 Q&A 란에 소개된 골드미스에 대한 정의를 읽어 보자.

탄탄한 직장과 경제력을 바탕으로 독신생활을 즐기며 자기계발에도 돈을 아끼지 않는 30대 싱글 여성을 지칭합니다.

이들은 1960년대 후반부터 1970년대 중반 산아제한정책이 실시됐던 시대에 출생한 여성들이죠. 최근 여성들의 사회진출이 활발해지고 결혼에 대한 생각이 달라지면서 과거에는 찬밥신세로 이른바 '올드미스' 취급을 받던 30대 커리어우먼들이 '골드미스'로 불리며 대접받는 시대가 열리고 있는데 예전에는 주로 결혼정보업체에서 통용되던 말입니다.

더욱이 이들이 '결혼'에 대한 부담 없이 당당한 사회인으로 활동하며 적극적으로 고급문화를 향유하고 유행을 이끌어가자 이 시대 여성들이 꿈꾸는 새로운 라이프 '아이콘'으로까지 각광 받고 있습니다.

한 온라인 취업사이트의 조사에 따르면, 20~30대 여성 923명을 대상으로 '골드미스'에 대한 의식을 조사한 결과 무려 과반수를 훌쩍 넘어서는 68%의 여성이 '골드미스로 살고 싶다'고 답할 만큼 높은 선호도를 보였죠.

'골드미스'가 되기 위한 조건으로는 직업(고소득 사무직, 전문직)이 85%로 가장 많았고, 연봉(56.9%), 개인 보유자산(37.9%), 취미 생활(31.1%), 자유로운 연애, 결혼관(30.4%), 몸매관리(30.3%) 등의 순으로 경제적인 요소가 중요한 비중을 차지하는 것으로 분석됐습니다.

한편 남성 직장인 921명을 대상으로 '골드미스에 대해 어떻게 생각하십니까?'라는 설문조사에서는 43.8%가 긍정적이라고 응답했으며, 별 생각 없다(37.6%), 부정적이다(18.7%)였다고 합니다.

† 출처: 네이버지식iN
http://kin.naver.com/db/detail.php?d1id=6&dir_id=6&eid=mfo/ZoJJkGa8lyF
Abu6piQZhZls+uG1j&qb=sPG15bnMvbo=

오늘날 골드칼라 자격을 갖춘 여성들의 결혼 연령이 자꾸 늦어지고 있음은 다 아는 사회적 현상이다. 그래서 그들은 결국 골드미스라는 닉네임까지 얻게 되는 추세인 듯하다. 위의 정의에서도 보듯이 올드미스에 비해서는 훨씬 영예롭고 기분 좋은 닉네임임에 틀림이 없다.

그런데 여기서 연금술사는 오늘날 지식사회에 접어들면서 두드러지게 약진하고 있는 여성들의 파워에 대해 얼마간의 통찰력을 피력하고자 한다. 골드칼라들이 자신의 미래를 설계하고 현재의 모습을 평가하는데 적지 않은 도움을 줄 수 있는 그런 통찰력이라고 믿기 때문이다.

이 면에서 비교적 보수적인 분위기를 견지해 온 우리나라 사회에서조차도 오늘날 여성들의 사회 참여가 급격히 확산되고 있는 것에 대해서는 구태여 여기서 통계자료들을 제시해 가면서 증명할 필요가 없을 것이다. 이미 여성 국무총리가 나왔고, 여성 대통령 후보감들이 대단한 약진을 하고 있는 것만으로도 충분할 테니까 말이다(혹 이 책을 독자가 읽고 있을 때는 이미 여성 대통령이 취임을 했을지도 모르는 일이다).

그러면 왜 이런 현상이 갑작스럽게 나타나는 것일까(역시 연금술사는 '왜'라는 질문을 던지고 있다)? 이 점에 있어서도 이미 전문가들이 공통적으로 생각하는 원인이 있다. 요약하자면, 옛날에는 권력과 재력을 확보하는 주된 수단이 신체적 힘이었기 때문에 이면에서 절대로 유리한 남성들이 우위를 점하고 있었지만 이제는 정보와 지식이 힘의 원천이 되는 사회이기 때문에 여성들이 뒤질 이유가 없어졌다는 분석이다.

실제로 연금술사가 강의 현장에서 경험하는 바를 예시하자면, 20~30명이 모여서 교육과 훈련을 받을 때 강사는 그들을 보통 4~5명씩 그룹을 만들어서 그룹 토의를 시키곤 한다. 좀 더 구체적으로 말하면 그들에게 동일한 과제를 내어 주고 함께 협동해서 그 과제를 정해진 시간 안에 풀도록 유도하는 것이다. 그런데 필자는 어느 때부터인가, 그룹을 편성할 때 남녀간의 성비를 비슷하게 만들려고 의식적으로 노력하게 되었다. 왜냐하면 여성들이 더 많이 섞여 있는 팀은 거의 대부분 남성들로 구성된 다른 팀보다 과제물을 수행하는 실력이 눈에 띄게 월등해지기 때문이다. 즉 일방적인 경쟁이 되어 버려 흥미를 반감시키는 결과를 방지하고자 하는 노력이다. 이만큼 '지식'을 바탕으로 하는 일에서는 신기할 정도로 여성들이 앞서 가고 있다(하긴 아직은 여성들이 더 치열한 경쟁을 뚫고 입사해야 하고 그렇게 엄선된 뛰어난 인재들이기 때문이기도 하겠지만).

그렇다면 이제는 바야흐로 여성 상위 시대가 도래한 것일까? 국가와 사회의 리더 자리를 이제는 기꺼이 여성들에게 내어주고 남성들은 이제부터 과거 여성들이 감당해 왔던 가정을 돌보고 자녀들을 양육하는 내조의 역할을 맡는 역할의 대 교환을 감행해야 하는 것은 아닐까? (우리는 언제나 미래를 내다보는 습관을 들여야 한다고 이미 말한 바 있다. 그러니 이런 미래가 오지 말라는 법도 없지 않지 않은가.)

이런 식의 극단적 시각은 얼마 전 화제가 된 책 『다빈치 코드(댄 브라운 저, 양선아 역, 2004)』에서도 찾아 볼 수 있다. 이 책에서는 예수의 신권(神權)은 그의 딸을 통해 지금까지 비밀리에 이어져 왔으며 현재도 한 여성이 예수의 후손으로서 그 유일무이한 권력을 소유하고 있다는 그럴듯한 주장을 펼치고 있다. 이 책대로 하자면 조물주가 인정하는 교황은 예수의 직계 후손인 바로 그 여성이어야 하는 것이다.

물론 필자는 이러한 극단적 시각에 100% 동조하는 것은 결코 아니다. 다만, 우리 모두는 우리 가정과 국가의 행복과 발전을 위하여 여성의 뛰어난 요소들 – 말하자면 섬세함, 직감력, 모성애, 지혜 등–

을 최대한 활용하는 그런 사회 시스템을 더욱 더 확장시켜 나가야
한다고 굳게 믿는 것이다.

이 땅의 골드미스들이여! 나는 그대들이야말로 우리나라를 선진
국으로 만들고 우리의 삶의 질을 높여 주는데 크게 기여할 소중한
존재임을 믿는다.

New Alchemy
for Gold Collar

제_4_부

어떻게 그곳에 갈 것인가?

도전은 모든 인간 행위의 핵심이며, 주된 용기이다.
우리는 바다가 있으면 이를 건너고,
질병이 생기면 이를 치료하고,
잘못된 것이 있으면 이를 바로 잡으며,
기록이 있으면 이를 깬다.
그리고 산이 있으면 이를 오른다.

– 작가겸 등반가, 제임스 울먼 (James Ullmam)

20_우리 모두는 정신병자이다?_
정신병을 고치는 일곱 가지 처방

이 장의 제목이 우리 모두를 정신병자라고 말하고 있으니, '웬 뜬 금없는 정신 나간 소리인가?'하고 독자는 항의하고 싶을 것이다. 그런데 이건 필자가 하는 말이 아니라 20세기 최고의 천재로 불리는 아인슈타인의 말이라면 어쩌겠는가? 그는 다음과 같이 말했다고 한다.

같은 일을 반복하면서 다른 결과가 나오기를 기대하는 것보다 더 확실한 정신병 증세는 없다.

이제부터 우리는 세 번째 질문, 그러니까 '우리의 목적지도 정해졌고, 현재 우리의 위치도 파악했는데, 그렇다면 어떻게 저 원하는 목적지까지 갈 것인가?'를 탐구함에 있어서 필요한 연금술을 연마할 차례이다.

그런데 이미 우리는 쉽게 도달하기 어려운, '크고 위험하고 대담한' 목표를 설정했다는데 문제가 있다. 어떻게 그곳으로 갈 수 있을까? 한 가지 분명한 것은 지금까지 해 오던 대로 내일도 반복한다면 결코 그곳에 도달할 수 없을 것이라는 점이다. 그런 점에서 아인슈타인의 경고문에 귀를 기울여야 하는 것이다.

그렇다면 어떻게 다르게 해야 할까? 어떤 새로운 아이디어가 있을까? 이를 가리켜 골드칼라는 '창의력을 바탕으로 하는 두뇌 활동'의 특성을 갖는다고 삼성경제연구원이 제시한 것이 아니겠는 가?(이 책 제2장을 참조)

얘기가 나온 김에 창의력을 키우는 일곱 가지 원칙들을 짚고 넘어가기로 하자. 재미를 겸하기 위해 몇 가지 퀴즈들을 풀어가면서 그러한 원칙들을 정리해 보기로 하겠다.

우선 첫 번째 문제는 아마도 많은 분들이 접해 본 적이 있을 것이다. 아래와 같이 점 아홉 개가 배치되어 있는데, 연결된 직선 4개를 이용해서 아홉 개의 점을 다 지나도록 하려면 어떻게 그려야 할까?

만일 당신이 이 문제를 처음 접한다면 아마도 점 하나가 남는 것 때문에 고민을 하게 될 것이다. 보통은 아래와 같은 답들이 떠오르는 것이 일반적이다.

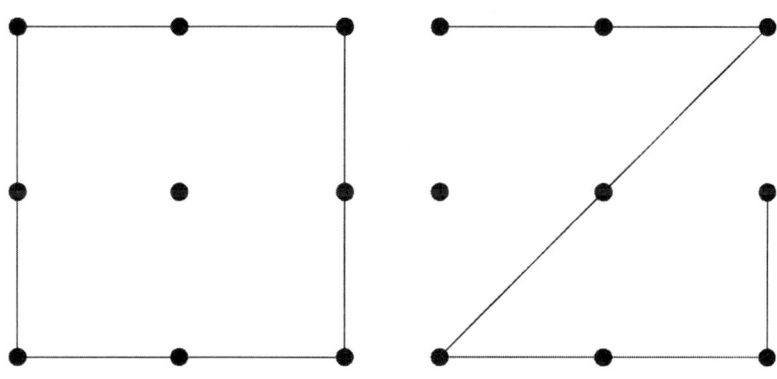

이런 모양이 먼저 떠오르는 것은 우리의 두뇌가 자전거 배울 때 넘어지는 반대쪽으로 핸들을 트는 것과 같은 약점을 가지고 있기 때문이다. 이 경우는 점 아홉 개의 그림을 보는 순간, 그 모양이 정사각형으로 형상화되어 우리의 두뇌에 전달되는 경향을 말한다. 다시 말하면 사각형의 틀에 스스로 갇히고 마는 것이다. 그러나 주어진 문제에는 어디에도 사각형이란 말이 없다.

자, 다시 도전해 보기 바란다. 정답은 다음 쪽에 있다.

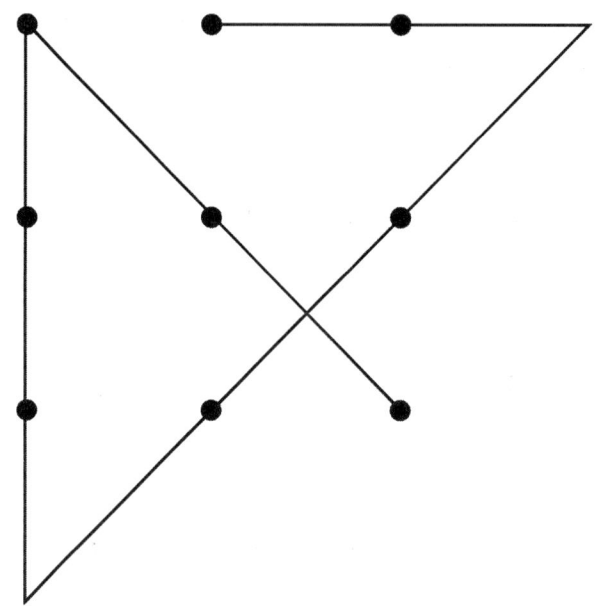

어떤가? 답을 보기 전에 찾았는가? 그렇다면 당신은 이제 고정관념이란 무형의 틀에서 벗어날 준비가 된 것이다. 첫 번째 원칙은 **"고정관념의 틀에서 벗어나라"**는 것이다.

이번엔 두 번째 원칙을 다루어보자. 위의 같은 문제를 다시 활용하려 한다. 위에 제시한 답 외에 다른 답은 없을까? 자연 과학이 아닌 사회 과학에서는 모든 문제에 단 한 개의 답만이 존재하는 경우는 별로 없다는 가정을 해도 괜찮다. 이 경우에도 또 다른 답이 존재한다. 대신에 이번에는 주어진 문제 중에 '직선'이란 단어에 대한 수학적 정의를 잘 활용해야 한다. 고등학교 수학에서는 직선이란 선 중에서 똑바른 것, 또는 두 점간의 최단 통로를 나타내는 것으로서 표현되고 있다. 아래 그림에다 다시 시도해 보기 바란다. 역시 해답은 다음 쪽에서 제시한다.

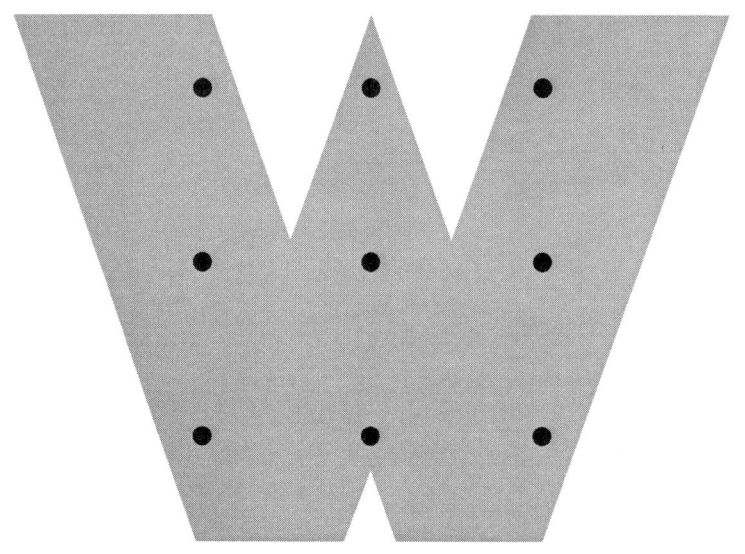

위 그림처럼 영어 알파벳의 더블유 형상을 만들면 된다. 아주 굵은 선을 이용하여 ……. 즉, 직선의 정의에 굵기가 어떠해야 한다는 제한은 없다는 점을 이용한 것이다. 이렇게 과감한 발상의 전환을 한다면 선 네 개도 필요 없고 단 한 개의 직선만으로도 가능함을 독자는 쉽게 발견할 것이다.

두 번째 원칙은 그래서, **"모든 문제에는 또 다른 해답이 존재한다는 것을 명심하라"**는 것이다.

세 번째로 넘어가 보자. 다음의 원을 케이크라고 상상해 보자. 그리고 이 케이크를 역시 직선으로 네 번 잘라서 최대한 많은 조각을 만들어 보라는 것이 문제이다. 다만 이번에는 네 개의 직선이 연결될 필요는 없다. 몇 개나 나오는가?

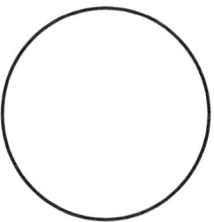

아래 그림과 같이 그려서 11개의 조각을 만들었다면 당신은 그런대로 기하학에 대한 솜씨가 있다고 할 것이다. 그러나 미안하지만 이것이 정답은 아니다. 정답을 미리 공개하자면 16개까지 만들 수 있다. 어떻게 하면 될지 더 고민해 보기 바란다. 힌트로 미리 세 번째 창의력의 원칙을 소개한다.

"평면적 사고에서 입체적 사고로 전환하라"이다.

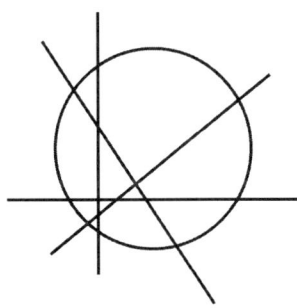

　세 번째 문제의 정답은 한 번 자른 뒤 두 개를 겹쳐놓고 다시 자르고, 다시 그 네 개를 겹쳐놓고 자르는 식으로 네 번 자르는 것이다. 즉 2의 4 제곱이 되어 16개가 만들어 지는 것이다. 평면적 사고에 갇혀있으면 이렇게 간단한 답이 잘 찾아지지 않는다.

　다음으로 네 번째와 다섯 번째 원칙을 한꺼번에 배울 차례이다. 아래 그림을 보고 연상되는 것들을 모조리 적어보기 바란다. 무엇과 닮았다고 생각하는가? 가능한 한 많이 찾아내기 바란다. 최소한 2분 이상을 투자하고 나서 다음 쪽으로 넘어가야 한다.

_____　　_____

_____　　_____

_____　　_____

_____　　_____

_____　　_____

몇 개나 생각해 내었는가? 20개? 말도 안 된다고? 그럼 10개는? 하긴 연금술사가 강의 현장에서 우리 대한민국 직장인들을 대상으로 실험을 해 본 결과는 10개를 넘기기도 쉽지 않았다. 그런데 외국에서 놀라운 실험 결과가 있다. 5 ~ 6살짜리 유치원생들에게 동일한 문제를 제시했을 때 2분 만에 찾아낸 평균 숫자가 무려 50개란다 (몇 가지만 예를 들면 물음표, 새, 불꽃, 항공사 마크, 독수리, 백조, 표창 등등이다)! 반면 성인들의 경우는 평균 5.8개라는 자료가 제시되어 있다. 이만큼 창의력에 관한 한 우리는 성인이 되어가면서 급격하게 퇴화되는 경향을 보이는 것이다.

그런데 필자는 현장에서 이 문제를 낼 때 여기서 멈추지 않고 두 가지 실험을 더 한다. 우선 처음에는 다음과 같은 장표를 화면에 보여주는 것이다. 그 직후에 다시 유사한 문제를 내 보면 이번에는 평균 수치가 적어도 두 배는 올라간다.

- 떠오르는 생각을 모조리 적을 것
- 중심 단어나 짧은 문구로 표현할 것
- 당연한 것이라 하여 지나치지 말 것
- 중복된 내용이라도 OK!
- 이성적으로 정당화시키려 애쓰지 말 것
- 아이디어를 판단하지 말 것
- 타인의 아이디어를 활용할 것
- 침묵의 시간을 수용하고 즐길 것
- 주저하지 말 것

여기서 네 번째 원칙을 소개하자면 다음과 같다.

"동심으로 돌아가 브레인스토밍의 원칙을 적용하라"이다.

그 다음에 연금술사는 또 다른 실험을 하게 된다. 이번에는 다음과 같이 그림을 거꾸로 보여 주는 것이다.

아마도 아까 보지 못한 형상들이 더 떠오를 것이다. 예컨대 공놀이 하는 물개의 모습과 같은……. 그렇다, 아이디어가 한계에 다다르거든 관점을 바꾸어 볼 필요도 있는 것이다. 거꾸로도 보고, 뒤집어서도 보고……. 여기서 다섯 번째 원칙이 정리된다.

"관점을 다양하게 바꾸어서 관찰하라."

이제 여섯 번째를 소개할 차례이다. 이번엔 다음 사진을 보기 바란다. 무엇이 문제인가?

그렇다. 모두가 다 똑같은 얼굴을 하고 있다. 아마도 머지않은 미래에 첨단 생명공학이 복제인간을 만드는 데 성공한다면 이러한 일도 벌어지지 않을까(가끔 필자는 생명공학을 이용하면 손오공처럼 나 자신의 분신을 이렇게 여러 명 만들 수 있지 않을까 상상해본다)? 여섯 번째 원칙은 **"'만약에 ~이라면 어떨까?'라는 질문을 활용하라"**이다.

예컨대 우리 회사의 직원 수를 지금보다 두 배로 늘인다면 어떻게 될까? 혹 반대로 반으로 줄인다면 어떨까? 등의 상상을 해 보는 것이다. 예전 TV가 등장하기 전 필자의 아버지가 커다란 배터리를 파란 테이프로 칭칭 감은 작은 트랜지스터라디오를 머리맡에 놓고 듣던 장면이 생각난다. 그 시절(필자는 중학생이었는데), 기억이 나는 인기 프로 중에 '재치문답 시간'이 있었다. 사회 유명 인사들을

초청해 놓고(그 중에는 한국남 박사라는 분이 있었던 것으로 기억
된다) 엉뚱한 질문을 던져서 그분들의 재치 있는 답을 듣는 프로그
램이었다. 예컨대, 사람의 엄지손가락에 눈이 달렸다면 어떤 일이
벌어졌을까요? 뭐 이런…….

그런데 오늘날 상상력이 돈이 된다는 점에 있어서는 독자들도 동의
할 것이다. 그러니 이 여섯 번째 원칙도 우리가 자주 활용해야 한다.

자, 이제 일곱 가지 원칙 중 마지막을 소개할 차례이다. 다시 퀴
즈를 하나 내겠다. 아래 그림은 성냥개비를 이용하여 만들어 놓은
돼지의 모습이다. 문제는 이 중 성냥개비 두 개를 움직여서 두 마리
이상의 돼지가 되도록 하라는 것이다.

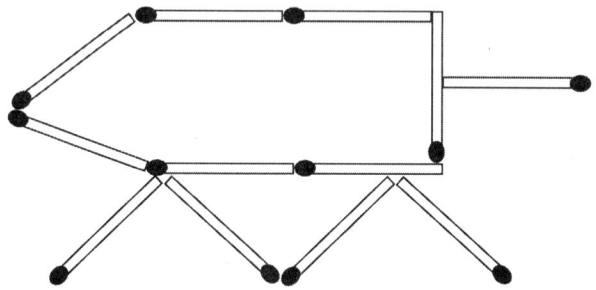

마지막 문제이니만큼 결코 만만한 문제가 아니니 오늘 하루 내
내 생각해 보고 이 책의 다음 쪽은 내일 넘겨보는 것이 어떨까?

아마 당신은 아직도 명쾌한 답을 찾아내지 못 했을 가능성이 높
다. 그러니 여기서 힌트를 하나 먼저 제시하겠다. 독자는 혹시 생텍
쥐페리의 『어린왕자(*Le Petit Prince*, 1943)』라는 어른들이 읽는

동화책을 읽어 보았는가? 나는 오래전 법정 스님이 이 책 번역본 서문에 "이 책을 좋아하는 분들은 모두 내 친구로 삼고 싶다"라고 한 말을 크게 공감했던 기억이 아직도 남아 있다. 이 책의 서두에 보면 어린 아이가 다음과 같은 그림을 어른에게 보여주며 "무섭지요?"라고 한다. 물론 어른은 "모자같이 생긴 것이 왜 무섭냐?"라는 반응을 보인다.

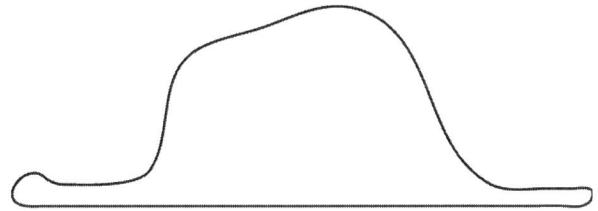

그러나 어린이는 사실 코끼리를 삼킨 보아 뱀의 무서운 형상을 그린 것이다. 어른들은 아래 그림처럼 그려 줘야 그 실체를 깨닫는다.

그래서 앞의 돼지 문제의 힌트이자 마지막 원칙을 제시하자면 **"보이지 않는 것들도 고려하라"**는 것이다.

한 번만 더 생각해 보고 다음 쪽을 넘겨보기 바란다.

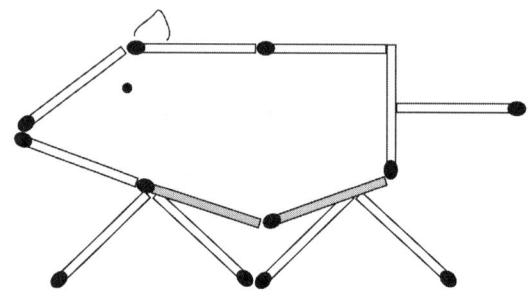

위 그림이 해답이다. 돼지의 배 쪽에 있는 두 개의 성냥개비를 약간만 움직여서 임신한 돼지를 만들면 된다. 저 배 속에는 적어도 대여섯 마리의 새끼 돼지가 들어 있는 것이다. 우리 어른들의 눈에 아직 보이지는 않지만 말이다.

이렇게 보이지 않는 것의 중요성을 재인식하는 것은 다음 장에서 좀 더 상세히 다루려 한다. 그러나 이 장이 너무 길게 이어졌으니 일곱 가지의 원칙을 다시 정리하면서 일단 장을 마감하기로 하자.

- 고정관념의 틀에서 벗어나라.
- 모든 문제에는 또 다른 해답이 존재한다는 것을 명심하라.
- 평면적 사고에서 입체적 사고로 전환하라.
- 동심으로 돌아가 브레인스토밍의 원칙을 적용하라.
- 관점을 다양하게 바꾸어서 관찰하라.
- '만약에 ~이라면 어떨까?'라는 질문을 활용하라.
- 보이지 않는 것들도 고려하라.

21_우리는 보이지 않는 것들을 추구 한다_골드칼라에서 욘족으로

성서에 보면 다음과 같은 구절이 나온다.

> 우리의 돌아보는 것은 보이는 것이 아니요 보이지 않는 것이
> 니 보이는 것은 잠깐이요 보이지 않는 것은 영원함이니라.
> (신약성경 고린도후서 4장 18절)

여기에서 말하는 보이지 않는 것은 '믿음', '소망', 그리고 '사랑'과 같은 것들이리라. 그리고 이런 단어들은 역시 종교적 뉘앙스가 물씬 풍긴다. 그런데 21세기가 들어서면서 이제는 종교와 무관한 경영학과 관련된 서적이나 전문가들의 주장 속에도 심심치 않게 이런 용어들이 중요한 의미를 가지고 등장하는 것을 혹시 독자는 알아챘는지 모르겠다.

어쨌든 이 종교적 단어들 얘기는 좀 더 뒤에 하기로 하고 우선은 종교적 냄새를 풍기지 않는 경영학적 용어부터 먼저 살펴보자.

과거 80년대 경영학 교과서에 의하면 기업 경영의 3대 자원을 3M 즉, 돈(Money), 사람(Man), 물자(Material) 등으로 표현했었다. 그런데 윤은기 박사가 진작 적시했듯이 90년대에 들어오면서 소위 정보화 사회가 도래하게 되었고, 그 결과 기업의 주요 자원은 과거의 세 가지 외에 또 다른 세 가지 자원이 추가되었다. 그것은 정보, 시간 그리고 문화 등이다. 이 세 가지 자원이 앞의 세 가지

못지않게 중요한 위치를 차지하고 있음은 이제는 누구나 잘 아는 사실이다.

그런데 여기서 유심히 살필 것은 앞의 세 가지 자원은 눈에 보이고 손으로 만질 수 있는(tangible) 구체적인 것임에 반해, 뒤의 세 가지 자원은 눈에 보이지 않고 손으로 만질 수 없는(intangible) 추상적인 개념이라는 점이다.

2000년대에 들어와서는 이러한 보이지 않는 요소들이 더욱 중요한 경영자원으로 속속 추가되고 있다.

예컨대, 요즈음은 기업의 가치를 평가할 때, 무엇보다도 흔히 CEO라 불리는 최고경영자의 자질을 제일 먼저 본다고 한다. 이것 역시 불가시적인 것이다. 지식은 어떤가? 오늘날 지식경영이란 용어가 매우 일반화되었다. 그 지식(knowledge)이란 것 역시 추상적 개념이지만 아마도 이제는 경영의 제7자원으로 추가시켜야 할 것이다. 특히 이런 추상적 개념의 지적자산도 엄연히 기업의 자산으로 평가하여야 한다고 하여 이를 계량화하고 심지어 재무제표 상에 이를 반영하려는 시도도 특정 기업에서 이루어지고 있는 실정이다(스칸디아 보험사가 이러한 시도를 처음 시도한 것으로 유명하다. 이 장 마지막 부분에 이 회사의 사례를 예시하였다).

이번에는 최근 앨빈 토플러가 저술한 『부의 미래(김중웅 역, 2006)』에서 일부분을 인용해 보자.

우리가 유형자산과 연결시켜 생각하는 무형의 가치는 여전히 빠르게 증가하고 있다. 예컨대 새로운 법적 관례와 부동산 기록, 거래 자료 등은 하루가 다르게 증가한다. 각각의 유형자산에 더 많은 무형요소가 포함되고 있는 것이다. 선진 경제 사회에서 자산 기반의 무형적 비율은 급격히 증가하고 있다.

산업시대를 주도하던 제조업 분야의 거대 기업들조차 이제는 홍수처럼 밀려드는 새로운 기술, 연구개발 결과, 스마트 경영, 마켓 인텔리전스(market intelligence) 등에 의존한다. 업그레이드된 생산라인은 쉴 새 없이 데이터를 주고받는 디지털 장비로 바쁘게 돌아간다. 인력 구성에서도 블루칼라보다는 화이트칼라의 비율이 증가하고 있다. 이러한 모든 변화는 경제의 자산 기반에서 무형자산이 차지하는 비율을 높이는 반면 유형자산의 역할은 더욱더 축소시킨다.

이런 변화와 함께 처음부터 눈에 보이지 않는 무형자산에 무형자산을 덧붙이는 이중 무형성(double intangibility)의 급속한 증가를 생각해 보자.

2004년 인터넷 검색업체 구글의 주식을 사기 위해 몰려든 많은 투자자들은 기업의 자산과 운영이 눈에 보이지 않는, 무형자산 기업의 주주가 되길 자청했다. 오라클 소프트웨어, 정보 시장, 온라인 경매 사이트, 비즈니스 모델, 결제 시스템에 투자하는 사람들은 물리적 실체가 있는 원자재나 용광로, 석탄, 철도 궤도, 공장 굴뚝을 소유하는 것이 아님에도 걱정하지 않는다.

결국 자산의 형태는 2가지로 나눌 수 있다. 하나는 무형성이 유형성 핵을 둘러싸고 있는 형태이고, 다른 하나는 그 자체가 무형인 핵을 무형성이 둘러싸고 있는 이중 무형성 형태이다. 그런데 현재 우리에게는 이런 2가지 종류의 자산을 구분할 수 있는 적절한 어휘조차 없다. 2가지 종류의 급속한 성장

> 속도를 포괄적으로 생각해 보면 지식 기반 경제체제로의 발전에 동반하는
> 엄청난 무형화에 대해 새로운 깨달음을 얻을 수 있다.

이만하면 2000년 전에 써진 성구가 얼마나 21세기의 변화를 명확하게 예측했는지 놀랄 만하지 않은가?

생텍쥐페리는 보이는 것과 숫자만을 중요시 하는 어른들의 삭막함을 꼬집었지만 오늘날에 와서는 보이지 않는 것들 자체가 숫자를 만들어 내는 원천이 되고 있는 것이다. 심지어 미술품 등의 예술작품들이 재테크의 중요한 수단이 되고 있지 않은가?

이제 다시 처음에 제시했던 '사랑'과 같은 용어로 돌아가 보자. 이번에는 아주 따끈따끈한 새로운 기사를 하나 인용하고자 한다. 우리의 키워드 골드칼라가 2007년도에 들어서면서 어떻게 발전해 가고 있는지를 엿볼 수 있는 기사이다.

미국인 필립 비버(47)는 2000년 온라인 거래회사 사이버콥을 찰스 슈왑에 팔아 4억 달러(3,600여억 원)의 돈방석에 올랐음에도 여전히 텍사스주 오스틴 교외의 소박한 집에 산다. 거부의 상징인 호화요트, 자가용 비행기 등엔 통 관심이 없다. 그의 가족은 여전히 일반 항공사를 애용하며 두 아들도 중고차를 몬다. 대신 에티오피아의 빈곤 퇴치를 위한 자선단체를 세워 모든 정열과 재산을 쏟고 있다.

여피족(yuppies), 보보스족(Bobos)에 이어 요즘 미국, 유럽에서 뜨고 있는 '욘족(yawns)'의 전형적인 모습이다. 1980년대에는 도시에 사는 젊은 전문직 고소득층인 여피족(young urban professionals)이, 90년대에는 히피처럼 자유 지향적이면서도 귀족적인 보보스족(bourgeois bohemians)이 젊은 엘리트의 상징이었다. 그러나 2000년대 들면서 비버처럼 30, 40대에 큰돈을 벌고도 사치를 멀리하는 욘족(young and wealthy but normal: 젊고 부유하지만 평범한)이 새로운 라이프스타일로 뿌리내리고 있다고 미국 월스트리트저널(WSJ)이 최근 보도했다.

WSJ에 따르면 욘족의 특징은 평범과 자선이다. 이들은 사치를 멀리하고 가급적 평범하게 살려고 한다. 옷차림과 주거생활은 물론 교육까지 평범하게 시키려 한다.

이들은 또 제3세계의 빈곤 문제나 질병 퇴치, 자연보호 등 자선사업에 시간과 돈을 아끼지 않는다. 정신적인 만족과 보람을 주기 때문이다. 욘족은 '올드 머니 (Old Money)'로 불리는 미국의 전통 재벌가 인사들과는 다르다. 많은 올드 머니가 검소하게 살긴 하지만 부를 물려받은 반면 욘족은 자수성가한 신흥 부자들이다.

이런 기준으로 볼 때 비록 넓은 집에서 살지만 촌스러운 옷차림에 거액을 자선단체에 기부한 빌 게이츠가 욘족의 대표주자라고 WSJ는 설명했다. 아울러 야후 창업자 제리 양과 이베이 공동창업자 피에르 오미드야르도 욘족으로 꼽았으며, 올 76세인 투자의 귀재 워런 버핏도 젊었을 때에는 여기에 해당됐다고 전했다. 한편 욘족이란 용어는 신조어를 잘 만들기로 유명한 영국의 데일리 텔레그래프에서 처음 사용됐다. WSJ는 "영국보다 부의 과시가 심한 미국선 욘족이 되기 쉽지 않다"고 덧붙였다.

† 출처: 「중앙일보」. 2007-07-16.

위에서 소개하는 여피족, 보보스족, 그리고 최근 새롭게 등장한 욘족 등은 연금술사가 보기에 모두 골드칼라가 세분화되어가는 추세를 보여주는 신조어들이 아닌가 한다. 현대인들이 워낙 새로운 것들을 추구하다보니 저널리즘이 이러한 추세를 편승하기 위해 수없이 많은 신조어들을 양산해 내고 있는 것이다.

하지만 어쨌든 이번에 등장한 **이 '욘족'은 정말 믿음과 소망과 사랑을 추구하는 골드칼라들을 상징하는 것이 아니겠는가?**

이 땅의 골드칼라들이여, 이제 우리도 서둘러 잠깐 있다가 사라질 보이는 것들에 집착하지 말고, 영원한 가치를 지닌 보이지 않는 것들을 추구하는 '욘족'의 반열에 들도록 하자.

빌 게이츠   제리 양   피에르 오미드야르

스칸디아 보험회사의 사례

스웨덴의 보험회사인 스칸디아 회사는 우선 '지적자산 담당 중역 (Director of Intellectual Capital)'이란 직책을 만들었다. 이 직책을 맡은 리프 에드빈슨 (Lief Edvinsson)은 회사의 지적 자산을 발전시키려 노력했고, 그 결과를 매년 회계 결산 보고서에 계량화하여 표시하는 시도를 했다. 이것은 다른 기업들이 감히 생각하지 못했던 획기적인 최초의 시도였다.

아래 표는 이 회사가 만든 지적자산을 계량화하기 위한 지표들의 일부를 보여준다.

구 분	내 용
재무초점	1. 기금 자산($) 2. 기금자산 / 직원 수($) 3. 소득 / 직원 수 4. 소득 / 관리자산(%) 5. 프리미엄(수수료, 보험료) 소득($)
고객초점	1. 시장점유율(%) 2. 계정 수(#) 3. 상실 고객 수(#) 4. 전화통화 이용도(%) 5. 포기 조항이 없는 제품 계약(%)
과정초점	1. 관리비용 / 관리자산(%) 2. 관리비용 / 총 수입(%) 3. 관리오류비용 / 경영수입(%) 4. 지수와 비교한 총 수익률(%) 5. 처리시간, 대외 지급(#)

혁신 및 개발 초점	1. 역량개발비용 / 직원 수($) 2. 직원만족지수(#) 3. 마케팅비용 / 고객 수($) 4. 마케팅비용 / 관리자산($) 5. '방법 및 기술' 시간의 비용(%)
인적초점	1. 지도력지수(%) 2. 동기부여지수(%) 3. 권한 이양지수(1,000기준)(#) 4. 직원 수(#) 5. 직원 수 / 제휴회사의 직원 수(%)

22_절대성공요인(1)_

‘어떻게 목적하는 바를 이룰 것인가?’에 대한 해답을 찾는 것은 경영학적 용어로 하자면 전략을 수립하는 것이다. 이 장에서는 전략을 수립하기 위해 경영 컨설턴트들이 오랫동안 애용해 온 절대성공요인이란 개념과 얽힌 애기를 풀어볼까 한다.

우선 아직 이 용어가 낯선 독자들을 위해 간단히 그 유래와 뜻부터 밝혀보자.

절대성공요인(CSF: Critical Success Factor)에 대한 개념은 1961년 다니엘의 연구에서 처음 시사된 후, 1979년 MIT 공대 교수인 존 라커트(John F. Rockart)에 의해 본격적인 기획기법으로 자리를 잡기 시작했다. 그는 CSF의 정의를 다음과 같이 내리고 있다.

> 성공적으로 관리된다면 조직에 대해 성공적이고 경쟁우위적인 활동결과를 가져올 수 있는 제한된 수의 영역들이며, 기업이 번영하기 위해서 올바로 수행되어야 하는 업무들을 가진 몇 개의 주요 영역들이다.

† 출처: Rockart, John F., *Harvard Business Review*(1979)

이 개념은 현대 경영학의 ‘선택과 집중’이라는 콘셉트와 맞아떨어지면서 기업들에게 널리 사용되어 왔다.

라커트 교수의 정의 중 주의를 기울여야 할 키워드는 ‘제한된 수의 영역'이란 표현이다. CSF란 용어의 첫 글자 '크리티컬(Critical)' 혹은 우리말로 번역했을 때의 '절대'라는 용어가 바로 이러한 '제한된 수'의 의미를 내포하고 있다.

개인이든 조직이든 정해진 목표를 달성하기 위해 해야 할 일, 혹은 하고 싶은 일들은 적지 않을 것이다. 그러나 우리에게 주어진 자원(시간, 돈, 정보, 체력 등등)은 언제나 제한되어 있기 때문에 그 모든 것을 할 수도 없고, 억지로 한다면 노력의 분산으로 효율이나 효과를 기대하기 어려워진다. 때문에 바로 앞에서 말한 **'선택과 집중'이 중요해 지는 것**이다.

이와 관련하여 여기서 필자는 수년 전 또 한 분의 존경하는 이 땅의 대선배 연금술사인 조동성 교수의 한 강연 내용을 소개하고 싶다. 필자가 책임을 맡아 개최했던 한 중소기업 경영자들을 위한 세미나에 조 교수를 초빙강사로 모셨었다. 그 때 했던 그 분의 강연이 얼마나 인상이 깊었던지 잊을 수가 없다. 그 강연 중 몇 가지 대목을 요약하여 정리해 보고자 한다.

조 교수는 그의 강연에서 (20세기 말 현재 시점에서 볼 때) 미국의 경쟁력이 일본의 그것을 앞지르게 된 원인을, 두 나라의 최고 경영자와 말단 직원의 보수 차이를 들어서 흥미롭게 분석하였다.

한국이나 일본의 경우 최고경영자의 연봉은 대졸 신입직원의 그것에 비해 약 7∼10배 정도의 차이를 보인다. 그런데 미국의 경우를 보면 그 차이는 무려 165배에 달한다. 예컨대, 1996년 미국 대졸 신입사원의 연봉은 3만 5,000달러(약 4,900만원), 비즈니스 위크지가 조사한 465개 대기업의 CEO 연봉(스톡옵션 포함) 평균은 578만 달러(약 81억원)라는 통계가 나와 있다. 이러한 차이는 2007년도 현재도 크게 다르지 않을 것이다.

그러나 이러한 차이를 두고 미국의 근로자들이나 노동조합이 크게 시비를 걸지 않는 분위기다. 우리 같으면 어림도 없을 텐데 ……. 왜 그럴까? 단순히 국민성의 차이일까? 아니다. 그 원인을 잘 분석해보면 일본이나 한국의 최고경영자들과 미국의 CEO들 사이의 경영 스타일이 다름을 발견할 수가 있다. 아래 그림은 이를 도식화하여 표현한 것이다. 즉, 일본이나 한국의 최고경영자들은 주로 품질을 높이면서 동시에 원가를 낮추는 관리효율성 증대에 관심을 기울이는데 비해 미국의 CEO들은 경쟁의 원천을 품질에다 둘 것인가 아니면 가격에다 둘 것인가를 고민하고 둘 중 하나를 선택하는 기업전략 수립에 자신의 노력을 집중한다.

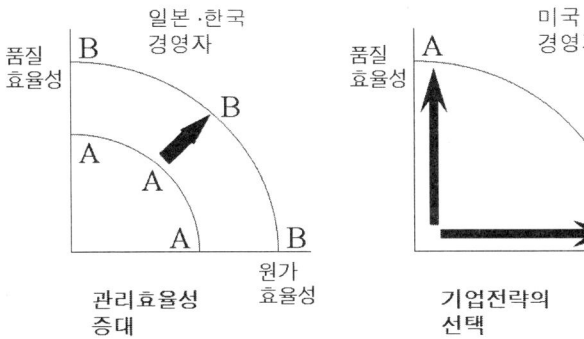

　　이러한 차이를 증명할만한 사례가 가전산업의 경우이다. 우리나라나 일본의 가전 회사들을 보면 가정에서 쓰는 전기용품이라면 휴대용 녹음기에서부터 대형 냉장고에 이르기까지 없는 것이 없다. 그러나 미국의 경우는 어떠한가? GE(제너럴 일렉트릭스)는 냉장고, Carrier(캐리어)는 에어컨, Whirlpool(월풀)은 세탁기, Magic Chef(매직셰프)는 전기오븐 등 세계 최고의 제품 하나만으로 승부를 걸고 있다. 이런 예는 우리나라의 재벌 형태의 기업군들을 보면 더욱 자명하다. 소위 문어발 형태로 모든 산업에 전부 손을 뻗치는 것이 우리나라나 일본의 경영 스타일인 반면, 미국(예컨대 IBM사)은 오로지 컴퓨터 산업에만 집중하고 있는 식이다.

　　그런데, 이런 양국의 경영자 스타일의 차이가 연봉의 차이와는 무슨 관련이 있을까? 이에 대해 조 교수는 이렇게 설명했다. 원가를 낮추고 품질을 올리는 일은 실제로 누가 하는가? 최고경영자 혼자서 할 수 있는 일인가? 아니다. 이것은 전 종업원이 함께 노력해야만 성취될 수 있는 일이다. 그런가 하면, 품질 중심의 전략을 구사할 것인지, 아니면 원가를 낮추는 전략을 펼칠 것인지를 최종적으로 선택하는 것은 누가 하는가? 이러한 전략적 선택이야말로 최고경영자의 몫인 것이다. 어찌 보면 이것은 최고경영자만이 갖는 고유의 권한이자 책임인 것이다. 실제로 미국의 CEO들은 이러한 선택이 잘못된 것으로 판명되었을 때는 스스로 모든 책임을 지고 자리를 내놓고 물러나야 한다. 하지만 반대로 그 선택이 적중하여 회사의 가치가 높아졌다면, 그 대부분의 열매를 CEO가 차지하는 것 역시 논리적으로 맞는 이야기인 것이다. 그러므로 미국 사회는 소수의 CEO들이 받아가는 천문학적 숫자의 연봉에 대해 자연스럽게 받아들이고 있는 것이다.

　　사실 조 교수의 강연의 결론은 우리나라의 경우 미국의 '전략적 선택'뿐만 아니라 일본식의 '효율성을 추구하는 경영'조차도 제대로 못하는 바람에 IMF 구제 금융이라는 어려움에 봉착하게 되었다며 우리나라 경영자들은 두 가지를 모두 배워야 한다는 쪽으로 내려졌었다.

그러나 이 책에서 강조하고자 하는 것은 바로 선택과 집중이다. 골드칼라가 되고자 하는 독자들은 우선 이것부터 훈련하여야 한다. 이를 위해 연금술사는 먼저 독자에게 다음과 같이 묻고 싶다.

- 당신은 3년 후, 5년 후, 그리고 10년 후에 가야 할 목적지가 정해졌는가?
- 당신의 현 주소가 어떠한지 냉철하게 파악하였는가?
- 그렇다면 지금 있는 곳으로부터 원하는 목적지로 가기 위한 당신만의 절대성공요인은 무엇인가?

위의 질문에 대한 답이 얼마나 중요한지를 반증하는 재미있는 사례한 가지를 살펴 본 뒤, 어떻게 절대성공요인을 찾아낼 수 있는지 그방법에 대한 이야기로 넘어가기로 한다(이번 사례는 앞의 조동성 교수의 사례와는 반대로 일본이 미국을 패배시킨 사례이다).

옛날(이젠 정말 옛날이 되어 버렸다) 1960년대로 거슬러 올라가 미국의 자동차 업계의 절대성공요인을 생각해 보자. 그 당시 미국에서 잘 팔리는 자동차는 무엇보다도 엔진의 파워가 좋은 차였다. 사람들은 일반적으로 자동차를 탈 때 스피드에 대한 본능적 욕구가 있는 듯하다. 그 다음으로 미국인들이 자동차를 살 때 고려한 요인은 스타일, 즉 디자인이었다. 그래서 만일 1960년대 미국 자동차 업계의 절대성공요인을 순서대로 나열한다면 ① 엔진 출력, ② 스타일, ③ 대리점 제도, ④ 원가관리 정도였다.

그런데 20년이 지난 1980년대로 넘어온다면 어떻게 될까? 앞의 4 가지 절대성공요인이 그대로 적용될까? 당연히 아닐 것이다. 더군다나 1970년대 전 세계는 두 차례에 걸친 혹독한 '오일 쇼크'를 경험한 뒤였음을 전제한다면 구태의연한 자세로 '힘센' 자동차 만들기에 여념이 없었던 미국 자동차 회사들은 정말 절대성공요인에 대한 개념이 너무 취약했음을 알 수 있다.

그리고 우리는 그 약점을 역이용하여 제2차 세계대전에서의 패배를 만회하고도 남을만한 '미국본토 상륙작전'에 성공한 일본 자동차 업계의 사례를 너무도 잘 알고 있다. 일본 자동차 업계는 1980년대의 미국에서의 절대성공요인을 정확히 분석해 낸 것이다. 그때 그들이 분석한 바에 따르면, 첫 번째는 우리가 능히 짐작할 수 있듯이 '연료효율' 즉 연비이며 그 뒤를 이어서 품질, 대리점 제도, 원가관리 그리고 환경보호 등이다.

이를 활용하여 일본 업체들은 적은 양의 연료로 오래가는 작고 가벼운 차들을 미국에 상륙시켰고(일본 회사들은 심지어 '우리 자동차는 기름 냄새만 맡아도 갑니다'는 등의 선전 문구를 내세웠었다), 결국 한동안 미국의 자동차 공장들은 모조리 문을 닫는 사태가 벌어지게 되었던 것이다.

필자가 정말 재미있게 생각하는 점은 다시 20년이 지난 2007년 현재 그 같은 역사는 다시 되풀이되고 있다는 점이다. 아직도 미국 자동차 업체들은 여전히 일본과 한국 자동차들에게 고전을 면치 못하고 있지 않은가? 미국산 자동차를 모는 내 친구는 엊그제도 내게 이렇게 말했다. "이 차는 정말 힘은 좋은데 휘발유를 엄청 소모하는 게 문제야……."

이제 이러한 재미있는 과거의 사례를 통해 절대성공요인의 개념과 그 중요성 등을 쉽게 이해했으리라 본다. 그렇다면 다음은 어떻게 현재 시점에서 우리 기업의 (혹은 나 자신의, 새로운 사업의) 절대성공요인을 정확히 분석해 낼 것인가가 중요해 질 것이다. 다음 장에서 다시 같은 제목 하에 이 방법에 대해 탐색해 보고자 한다.

쉼터 : 영화 「로보캅」 시리즈

1980년대 말 미국에서 만들어진 이 영화는 미국 자동차 공장들이 밀집해 있던 디트로이트 시를 배경으로 한 공상과학 영화인데, 바로 미국 자동차 업계가 절대성공요인 분석에 실패하여 일본 자동차 업계에게 참패를 당한 상황에서 만들어진 것이다.

영화 장면 중에는 이미 폐허가 되어버린 자동차 공장들이 등장하고 있으며 그 폐허가 범법자들의 소굴로 변해버린 모습으로 등장한다.

로보캅 1편은 개봉 당시 전미 박스오피스 5,342만 4,000 달러를 기록한 흥행작이었는데 이는 미국인들의 일본에 대한 패배의식을 '카타르시스(감정순화)'시켜 주는 심리적 효과 때문이었을 것이다. 결국 이 영화는 후속편이 3편까지 나오는 등 큰 인기를 누렸으며 '로보캅'역을 맡은 피터 웰러는 이 작품으로 일약 스타덤에 오르기도 했다.

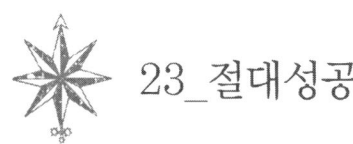 23_절대성공요인(2)_

　여기서 연금술사는 절대성공요인을 추출해 내는 세 가지 방법을 소개하겠다.

　첫 번째는 잘 알려진 **SWOT 매트릭스를 이용하는 방법**이다. 나 자신의 (혹은 우리 조직의) 강점과 약점, 그리고 기회와 위협의 요인들을 종합적으로 분석하여 강점을 살리고 기회에 도전하고 약점을 극복하여 위협을 회피할 수 있는 방안을 찾아내면 이러한 방안이야말로 절대성공요인의 후보감이 되는 것이다. 좀 더 구체적인 작업 방법은 아래 도표를 참고하기 바란다.

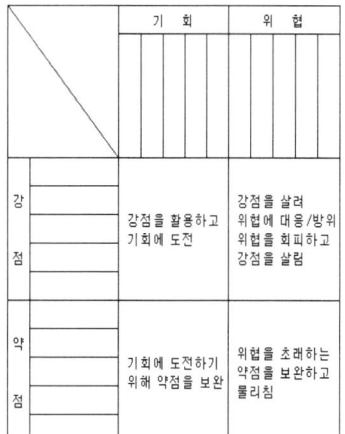

　　두 번째 방법은 제3부에서 소개한 바 있는 **니즈 분석 결과를 활용하는 것**이다. 즉, 나와 상대방이 모두 만족할만한 방안은 그 자체로 절대성공요인의 강력한 후보가 된다는 관점이다. 오늘날 개인이든 조직이든 누구도 남을 위해 내가 손해 보겠다는 생각을 가져 줄 것이라 기대하는 것은 무리이다. 그래서 **가장 바람직한 전략은 모두가 함께 각자의 니즈를 충족할 수 있는, '윈윈(Win-Win)' 혹은 상생의 길이어야 하는 것**이다.

　　역시 구체적인 작업 방법은 아래 그림을 참조 바란다. 실제로 필자는 기업 컨설팅을 하면서 이 방법을 매우 자주 활용했다. 커다란 모조지 전지 혹은 반지 크기의 종이에, 한 장에는 상대방이 나한테 원하는 니즈를 가급적 많이 찾아내어 열거해 놓고, 또 다른 한 장에는 내가 상대방에게 원하는 니즈를 같은 요령으로 열거한 뒤, 그 두 장을 나란히 벽에 붙여놓고 비교하면서 양쪽의 니즈를 모두 충족시킬만한 아이디어나 방안을 찾아보는 것이다.

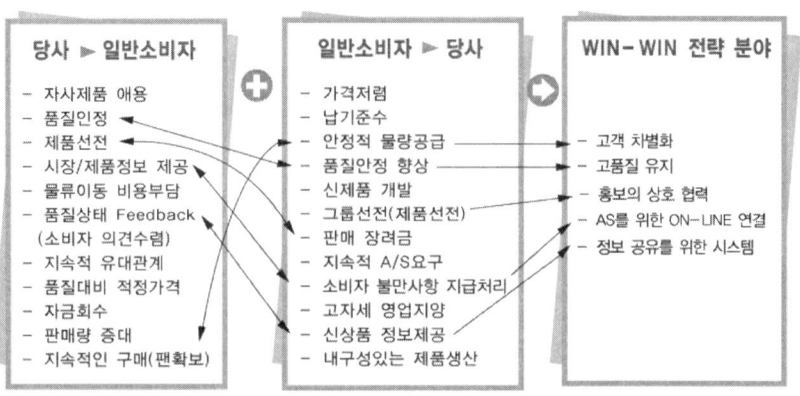

그런데, 이 방법을 활용할 때는 한 가지 주의할 점이 있다. 만일 각각의 니즈에 대해 충분한 개수를 찾아내지 않고 쉽게 떠오르는 몇 개만 찾아 열거해 놓으면 양쪽을 비교해 본들 서로 상반된 내용만 눈에 띄고 양쪽이 모두 만족할만한 방안은 쉽게 떠오르지 않는다는 점이다. 예컨대 고객은 싸고 품질 좋은 상품이나 서비스를 원하는 반면, 공급자는 품질이 좀 떨어지더라도 제값 주고 사 주는 고객을 원하는 식이다. 이를 경제학 용어로 일컬어 '트레이드 오프(Trade-Off)' 관계라고 한다. 이를 극복하려면 제3부 니즈분석을 설명할 때 이미 강조한 바와 같이 브레인스토밍을 이용해서 가능한 한 많은 개수의 니즈를 찾아내도록 노력해야 한다.

절대성공요인을 찾아내는 세 번째 방법은 심리학적인 접근 방법이다. **비주얼라이제이션(Visualization) 기법**이라고 하는 것인데, 대상 비즈니스나 혹은 프로젝트에 대해 깊은 경험이나 지식을 갖춘 여러 사람들(가장 흔한 예는 특정 프로젝트 참가 요원들)이 모여서 함께 작업을 하는 경우가 일반적이겠으나 때로는 혼자서 독자적으로도 시도해 볼 수도 있다.

사회자는 참가자들에게 눈을 감도록 한 뒤 시점을 지금으로부터 특정 목표 연도(보통은 3년 정도로 잡는다)로 옮겨 가도록 요구한다. 즉 상상 속에서 이미 3년이 흐른 것처럼 하는 것이다. 그리고 그동안 이미 설정했던 목표(목표 설정에 대해서는 제2부에서 학습했다)들이 모두 초과 달성되어 큰 성공을 거둔 것으로 가정한다. 지금 참가자들은 잠시 후 자신의 대단한 성공담을 여러 사람 앞에서 발표하기 위해 기다리고 있다고 상상하게 한다. 그리고 마지막으로 사회자는 참가자들에게 잔잔한 목소리로 묻는다. "자, 당신은 여러 청중 앞에서 당신이 거둔 그 큰 성공의 원인이 되는 요소를 세 가지만 소개해야 합니다. 그것들은 무엇입니까?"

잠시 침묵의 시간이 흐르게 한 뒤 사회자는 참가자들이 눈을 뜨고 펜을 들어 금방 떠올랐던 세 가지 성공요소를 종이에 쓰게 하면 ……, 바로 그 세 가지 성공요소가 향후 3년간 설정한 목표를 달성하기 위한 비교적 정확한 절대성공요인의 요소들이 되는 것이다.

얼핏 생각하면 매우 비과학적인 접근방법 같지만 때로는 이러한 심리적 기법들이 오히려 더 큰 효과를 거둘 수 있는 것이 바로 사회과학 분야인 것이다(더군다나 최근 화젯거리가 되고 있는 『시크릿』 이란 책에서도 이러한 기법이 수천 년을 내려 온 성공의 비밀이라고 단정적으로 주장하고 있음은 매우 고무적이다).

이렇게 세 가지 방법을 소개했는데, 독자는 시간이 충분히 허용된다면 이 세 가지를 모두 활용해 볼 수도 있고, 혹은 그 중에 맘에 드는 한두 가지 방법을 선택해서 해 볼 수도 있을 것이다. 어쨌든 **당신의 절대성공요인이 무엇인지를 명확히 분석해서 추출해 내고 이를 기억하는 것은 말 그대로 당신의 삶의 절대성공요인**이라 할 것이다.

24_대한민국을 바꿀 수 있는 의사소통 기술(1)

연금술사가 이 책에서 일관성을 갖고 기술하고 있는 중요한 점은 상대방의 필요와 나의 필요를 정확히 파악해서 이를 함께 충족시켜 줄 때 나도 골드칼라로서 성공할 수 있다는 신념임을 독자가 이제는 간파했기를 바란다.

그런데 이렇게 '상대방의 필요와 나의 필요를 정확히 파악해서 이를 충족시켜 주기' 위해서 반드시 필요한 기술 중의 하나가 바로 의사소통 기술이다. 그래서 이번 장에서는 이렇게 함께 '원원' 할 수 있도록 해주는 강력한 의사소통 기술의 일부를 소개하고자 한다.

이 기술은 우연한 기회에 필자가 싱가포르에서 1주일간 교육과 훈련을 받게 된 내용 중 일부이다. 그런데 우선 말해 둘 것은 필자도 이 교육을 받을 때 처음엔 "이 기술들은 우리나라 사람들의 정서에는 안 맞겠다"는 거부감이 들었다는 점이다. 하지만 다 받고 나서 생각이 바뀌었다. 오히려 우리나라 사람들이야말로 이 기술을 모두 배워야겠다는 확신까지 생겼다. 왜냐하면 이는 우리가 가지고 있는 의사소통의 오랜 습관과 정서 중에서 부정적인 결과를 가져오는 약점들을 고치고 극복할 수 있는 기술이기 때문이다. 그래서 나는 정말이지 이 의사소통 기술이야말로 대한민국을 바꿀 수 있는 혁신적

기술이라는 믿음으로 오늘도 뛰어다니며 이와 관련한 교육을 하고 있는 중이다.

나는 이 기술에 대한 교육을 할 때마다 우선 다음과 같은 앨빈 토플러의 말을 인용하고 시작한다. 독자도 이를 먼저 한 번 읽어보고 음미한 뒤 나머지 내용을 읽어주기 바란다.

> The illiterate of the 21st century will not be those who cannot read and write but those who cannot learn, unlearn and relearn.
>
> 21세기의 문맹(文盲)은 글을 읽거나 쓰지 못하는 사람을 의미하는 것이 아니라, 배우는 것과, 지금까지 배운 것을 버리는 것과, 새로운 것을 기꺼이 받아들이는 것을 못하는 사람을 의미한다.

본격적으로 이토록 놀라운 의사소통 기술을 소개하기 전에 조금 더 일반적인 얘기를 하나 더 해야겠다. 그것은 조직에서 일 잘한다는 칭찬을 받기 위한 조건에 대한 것이다. 다시 우리의 키워드인 골드칼라라는 용어의 정의로 돌아가 생각해 보자. 이들은 어느 조직에 속해 있든지 혹은 독자적으로 일을 하고 있든지 '일 잘한다'는 칭찬과 인정을 받는 사람들이다. 그래서 그들의 몸값이 다른 보통 근로자보다 높은 것이다. 결국 '골드칼라가 되기 위한 조건'과 지금 말하는 '일 잘한다는 칭찬을 받기 위한 조건'은 같은 의미로 봐도 무방할 것이다.

독자는 우선 연금술사가 제시하는 조건을 읽기 전에 먼저 잠시 생각해 보기 바란다. 어떤 조건들이 필요할까? 다음 공란을 채워보고 다음 쪽으로 넘어가기로 하자.

'일 잘한다'는 칭찬을 받기 위한 조건

당신은 몇 가지나 적었는가? 일곱 가지? 여덟 가지? 문제는 그 조건들을 다 외우고 실천할 수 있겠는가 하는 점이다. 여기서 의사소통의 일반적 요령 한 가지를 먼저 팁으로 제공한다. 어떤 내용을 상대방에게 전달할 때 상대방이 그 내용을 오래도록 기억할 수 있기를 원한다면 가급적 그 내용을 3등분하여 세 가지로 정리하라는 점이다. 앞 장에서 연금술사가 절대성공요인을 추출해 내는 방법으로 세 가지를 소개한 것을 기억할 것이다. 그리고 이 책 전체가 세 개의 질문으로 구성되어 있음도 상기하기 바란다. 여기서 다시 '일 잘한다'고 칭찬받기 위한 조건을 세 가지로 요약해서 제시하겠다. 그래야 독자가 쉽게 오래도록 기억하고 실천하기가 쉽다.

자, 그럼 **첫째 조건**은 무엇일까? 아, 잠깐만! 답을 말하기 전에 또 하나 재미있는 사실을 말해야겠다. 이 첫째 조건과 관련하여 연금술사가 현장에서 피교육자들에게 물어 본 결과, 다음과 같은 경향을 나타내었다. 서양인에 비해 동양인들이 이 첫째 조건을 잘 못 찾아낸다. 그리고 높은 직급의 직장인들에 비해 낮은 직급의 직장인들이 역시 잘 못 찾아낸다. 무슨 조건일까? 그것은 '**목표의 (초과) 달성**'이다. 오늘날 대부분의 조직은 경쟁 속에서 산다(요즘 신이 내린 직장이니 신이 부러워하는 직장이니 해서 그렇지 않은 것처럼 보이는 곳들도 있다지만 100% 무경쟁의 조직은 없다고 연금술사는 단언한다). 따라서 목표 달성은 가장 선행되어야 하는 조건인 것이다. 그런데 동양인들의 정서는 결과보다 과정만을 인정해 주기 바라는 경향이 있는 듯하다. 그래서 이 첫 번째 조건을 잘 생각해내지 못하는 경향이 있는데 이는 경쟁력을 약화시키는 중요한 원인이 아닐까 생각한다.

다음 두 번째 조건으로 넘어가자. 만일 회사 내에서 어떤 직원이 자신의 목표를 120%나 초과 달성해서 칭찬해 주려 하는데 다음과 같은 경우라면 어떨까? 그는 매출 목표를 초과달성하기는 했으나 이를 위해 비용도 역시 120% 초과해서 이익 면에서는 기여하지 못했을 경우, 또는 일에 파묻혀 사는 바람에 가족을 돌보지 않아 가족과의 관계가 엉망이 되어 버린 경우 말이다. 이 사람은 아무래도 칭찬하기엔 무언가 부족한 것이 아닐까? 그래서 **두 번째 조건**은 '**경제적 일처리 능력**'이 필요하다는 것이다. 이 부분은 다음 장에서 다시 자세히 다루겠지만, 어쨌든 요즘은 '열심히' 일하는 사람보다 '효율적'으로 일하는 사람이 더 칭찬받는 세상임을 명심해야 한다.

자, 만일 어떤 사람이 자신의 목표도 초과달성했고 비용도 절감했으며 효율적으로 일을 해서 일과 가족 모두의 균형을 잘 이루고 있다면 이젠 정말 칭찬하기에 부족함이 없지 않을까? 아니다. 아직 한 가지가 더 필요하다. 만일 그가 위의 두 가지 조건을 충족시키기 위해 자신의 일과 자신의 가족에만 몰두하고 주변 다른 부서나 다른 사람의 필요는 외면해 버렸고, 그래서 주변에서 '저 사람은 너무 이기적이야. 바늘로 찔러도 피 한 방울 안날 사람이야'라는 평을 받고 있다면 어떻게 할 것인가? 그렇다. 이 사람은 올해에는 자신의 목표를 달성했을지 몰라도 내년에는 매우 힘들어질 것이 뻔하다.

오늘날 독불장군식으로 혼자 독야청청할 수 있는 일은 없기 때문이다. 여기서 **세 번째 조건**을 밝힌다. '**인간관계를 원만하게 유지하는 능력**'이 필요하다.

어떤가? 독자는 이제 이 세 가지 조건이 일 잘한다고 칭찬을 받기 위한 필요충분조건이라는 것에 동의할 수 있겠는가?

그런데 의사소통 기술을 소개하겠다고 해 놓고 왜 일 잘하는 조건을 잔뜩 늘어놓았을까? 그 이유는 간단하다. 의사소통 기술을 잘 익히는 것은 이 세 가지를 충족시키는데 가장 강력한 무기가 되기 때문이다. 21세기 연금술을 밝히는 이 책 맨 마지막 부분에 이렇게 의사소통 기술에 관한 내용을 할애한 것은 이 기술이야말로 가장 강력한 연금술이기 때문임을 꼭 기억해 주기 바란다.

본론으로 들어가기 전에 필자의 에피소드를 하나만 더 소개하기로 하자.

필자는 1983년도에 세계적인 글로벌 기업에 입사했다(당시에는 이 회사도 신이 내린 직장 중 하나로 간주되었다). 덕분에 난생 처음 해외여행을 하게 되었다(그 때는 해외여행이 자유화되기 전이었다). 신입사원을 연수시키기 위해 이 회사는 우리를 모두 홍콩에 있는 연수원으로 보내 주었기 때문이다. 그런데 필자에게 또 하나의 행운이 있었던 것은 당시 전 세계에 걸쳐 수만 명의 직원을 거느린 이 회사의 총수 즉 CEO가 될 것으로 지명된 양반이 이 홍콩 연수원을 방문했고, 교육을 받고 있던 우리 교실까지 찾아온 것이다. 그를 모시고 교실에 들어선 연수원장은 다음과 같이 그를 소개했었다.

"이 분은 20여 년 전 내가 미국의 어느 지사에 지사장으로 있을 때 영업사원으로 입사했었는데, 지금은 CEO 지명자가 되어 나타났다." 그 CEO 지명자는(John F. Akers 란 이름을 가진 분이었고 이듬해에 정식 CEO가 되었다) 우리 '신참 병아리'들에게 약 15분간의 훈시를 하고는 질문할 사람이 있는지 물었다. 나는 아까 연수원장이 그에 대한 소개를 할 때부터 한 가지 질문이 떠올라 머리 속으로 준비를 하고 있었기에(영어 문장으로 말이다) 얼른 손을 들었다. 사실 나는 그 당시 함께 입사한 동기들에 비해 나이가 서너 살 위였다. 늦게 입사를 한 것이다. 그래서 내 야심을 드러냈다. "아까 들어보니 회장님은 회장님의 상사를 앞지르고 그 분보다 훨씬 높은 자리에 가셨습니다. 저도 회사 내에서 매니저의 매니저가 되고 싶은 목표가 있습니다. 그 비결을 알려 주십시오." 그는 씩 웃으면서 좋은 질문이라고 칭찬을 해 주었다. 그리고 다음과 같이 대답했다. "우리 회사는 그런 일이 자주 일어납니다. 그 비결을 알려드리지요. 첫 번째 비결은 '의사소통(Communication)'입니다. 두 번째는 무엇이냐고요? 예, 역시 '의사소통'이지요. 만일 여러분이 내게 세 번째 비결을 묻는다면 나는 역시 또 '의사소통'이라고 답을 할 거에요."

20여 년이 지난 기억이지만 이 기억은 아직도 내게 또렷하게 남아있다.

이토록 중요한 의사소통 기술의 일부는 다음 장에서 일부를 소개하기로 한다(솔직히 말해서 이 책에서 다 공개하기 어렵다. 분량

도 분량이려니와, 연금술사로서의 밥줄이 끊어질 염려가 있기 때문
이다. 이 연금술은 직접 찾아오는 제자들에게만 전수하고 있다. 독
자들의 너그러운 양해를 빈다).

# 25_ 대한민국을 바꿀 수 있는
의사소통 기술(2)_

앞 장에서 장황하게 서론만 늘어놓았는데, 이제 본론으로 들어가 보자.

지금부터 일곱 가지 의사소통 기술을 소개할 것이다. 앞에서 3이란 숫자를 이용하라는 언급을 했는데, 3으로 도저히 안 될 때는 일곱이란 숫자가 좋다. 그렇지 않은가? 이 일곱 가지 기술 중 일부는 이미 의사소통과 관련된 많은 서적들 중에서 다루어 진 부분도 있고, 거의 다루어지지 않은 독특한 부분도 있다. 그러나 어쨌든 골드칼라가 되기 위한 가장 중요한 의사소통 기술이며, 이를 실천할 경우 대한민국이 선진국이 되는데 큰 기여를 할 강력한 기술임을 확신하면서 소개하고자 한다.

첫 번째는 조물주가 우리에게 입은 한 개를 만들어 주신 반면 귀는 두 개를 만들어 주신 것을 기억하라는 것이다. 무슨 뜻인지는 쉽게 짐작할 것이다. 말 잘하는 기술보다 듣기 잘하는 기술이 훨씬 중요하다. 말하기보다 듣기를 두 배로 잘 해야 한다. 언제 어디서 어떤 경우에도 이 원칙은 통한다.

만일 당신의 현재 의사소통 기술이 몇 점 정도 되는지 측정하고 싶다면 관련된 책을 얼마나 많이 읽었는지, 교육을 얼마나 많이 받 았는지 다 잊어버리고 다음의 질문에 진실하게 답해보라. 당신이 사람들과 만나 대화할 때 주로 말을 많이 하는 편인가, 아니면 주로 듣는 편인가? 만일 당신이 주로 말을 많이 하는 편이라면 미안하지만 일단 당신의 점수는 무조건 60점 이하라고 보는 것이 정확하다. 반대로 주로 듣는 편이라면 오히려 당신은 무조건 60점은 넘어섰으니 자신을 가지라고 말하고 싶다. 의사소통 기술의 60% 이상이 듣는 기술이기 때문이다.

연금술사가 보기에 우리 주변의 사람들을 보면 지식이 많아질수록, 높은 자리에 올라갈수록, 그리고 나이를 더 먹어갈수록 말이 많아지는 듯하다. 남의 얘기를 인내심을 갖고 귀담아 듣는 진정한 리더들을 찾기가 갈수록 더 힘들어지는 느낌이다. 이래서는 우리나라가 선진국이 되려면 아직 멀었구나 하는 안타까움을 금할 수가 없다.

두 번째로 넘어가자. 누군가와 대화를 위한 사전 약속이 잡혀 있다면 **미리 첫마디 말을 준비하라**는 것이다. 아무 준비 없이 만나게 되면 시간 낭비도 발생하고 목표 달성도 어려워진다. 그런데 첫마디 말을 준비할 때는 몇 가지를 염두에 두고 준비를 해야 한다. 제일 중요한 점은 이번 대화의 목표가 무엇인지를 명확히 확인해야 한다는 점이다. 목표가 무엇인지 불분명하다면 당연히 목표달성도 어렵게 된다. 그 다음엔 그 목표를 간단명료하게 표현할 수 있는 문장으로 정리해야 한다. 이 부분에서의 한 가지 중요한 원칙은 나의 첫마디 말이 절대로 3분을 넘지 말아야 한다는 점이다. 왜 하필이면 3분인가라는 의문이 든다면 다카이 노부오 (『아침형 인간』의 저자)의 『3분력

(은미경 역, 2004)』이란 책이나 진대제 전 정통부 장관의 『열정을 경영하라(2006)』는 책을 읽어보기 바란다. 어쨌든 3분을 넘기면 상대방은 속으로 짜증을 내기 시작하거나 아니면 최소한 그 때부터는 100% 경청하기 힘들어지는 것이 일반적인 반응이기 때문이다.

또 하나 첫마디 말과 관련하여 강조할 점은 우리 동양인들의 정서는 처음부터 나 자신의 목표나 의도를 상대방에게 투명하게 드러내는 것을 꺼리는 경향이 있는데 많은 경우 이런 정서나 습관이 오늘날 생산성과 신뢰를 저하시키는 주범이라는 사실을 인식하고 과감히 고쳐나가야 한다는 것이다. 때로는 내가 먼저 이렇게 정직하고 투명해지는 것이 단기적으로 손해를 감수해야 하는 일일수도 있음을 인정한다. 하지만 몇 번의 손해를 감수하고라도 그렇게 할 가치는 충분하다고 강조하고 싶다. 결국은 상대방도 당신에 대해 인식이 바뀔 것이다. "아, 저 친구는 언제나 처음부터 자신의 의도나 목적을 정직하게 밝히는 사람이구나. 믿을 만해." 이제 당신과 그 사이에는 신뢰가 형성된 것이고 그 이후로부터는 웬만한 어려운 안건이라도 짧은 시간 안에 합의에 도달할 수 있게 될 것이다.

첫마디 말과 관련한 마지막 원칙을 하나 더 얘기해야 한다. 3분 안에 간단명료하게 당신의 목표(의도 혹은 목적)를 밝혔으면 마지막에 "어떻게 생각하십니까?"라는 질문으로 상대방에게 '말할 권리'를 넘겨야 한다. 이제부터 당신은 들을 차례이다. 다시 강조하지만 말하는 것보다 두 배나 중요한 것이 듣는 것이다. 그렇게 경청하도록 도와주는 강력한 표현이 바로 "어떻게 생각하십니까?"라는 질문이다.

이제 **세 번째**로 넘어가자. 상대방이 갑자기 당신에게 '예'나 '아니오'라는 답을 요구하는 질문을 해왔다고 치자. 그런데 '예'라고 답하기엔 내가 너무 손해 보는 상황이고, '아니오'라고 대답하면 상대방이 서운해 하거나 괘씸하게 여겨 당신과의 인간관계에 지장이 있을 수 있는 상황이라면, 이때는 성급하게 '예'나 '아니오'를 말하지 말고 **"좀 더 구체적으로 말씀해 주십시오"나 "무슨 의미입니까?"**라는 질문들을 통해 상대방으로부터 **더 많은 정보를 수집하라**는 것이 바로 세 번째 기술이다.

결국은 이 세 번째 기술도 역시 상대방에게 말을 시키고 나는 더 잘 듣기 위한 기술에 다름 아니다. 모든 기술은 결국 첫 번째 원칙으로 회귀함을 명심하기 바란다.

다음, **네 번째** 기술은 **만일 당신이 주장하고 싶은 내용이 여러 가지일 경우, 한꺼번에 다 말하지 말고 한 가지씩(3분 내에) 말한 뒤에 매번 "어떻게 생각하십니까?"라는 질문을 이용해 상대방이 피드백을 말할 기회를 준 뒤 다음 안건으로 넘어가라**는 것이다.

이것은 아마도 우리가 가장 못하는 기술 중 하나가 아닐까 싶다. 우리는 오히려 상대방이 하는 말까지 끊어가면서 내 주장을 펴고 싶어 안달을 내는 경향이 있지 않은가? 그런데 실제로 당신이 침을 튀겨가면서 주장을 펼치고 있을 때 상대방의 두뇌에서는 무슨 일이 일어나는지 생각해 보았는가? 물론 첫 번째 주장을 펼 때는 상대방도 열심히 들으려 노력할 것이다. 그러나 만일 당신이 그 첫 번째 주장을 말하자마자 바로 두 번째 주장으로 넘어간다면 그 때부터 상대방은 당신의 말을 반밖에 듣지 않고 있을 것이 뻔하다. 왜냐하면 그의 나머지 반의 두뇌는 아까 당신이 말한 첫 번째 주장에 대해 어떻게 반박할 것인가를 생각하느라 바쁘기 때문이다. 만일 당신이 쉬지 않고 다음 세 번째 주장으로 넘어간다면 어떨까? 미안하지만 이제 상대방은 당신의 말을 하나도 듣지 않고 있다고 연금술사는 장담한다. 그는 이제 인내심이 한계에 도달했을 것이고 속이 부글부글 끓으면서 "이 친구 언제 말 끝내고 내 말을 들어줄 건가?"라고 툴툴거리고 있을 것이 자명한 것이다. 이것이 사람들의 일반적인 심리이기 때문이다. 이런 상황에서 아무리 당신이 목청을 높이고 침을 튀기면서 열변을 토한 들 무슨 소용이 있겠는가? 이 대화가 쉽게 합의에 도달하겠는가?

　모든 성공적인 대화는 쌍방이 탁구를 치듯이 서로 번갈아 말을 하고 그 순간 상대방은 열심히 경청하는 대화인 것이다. 많은 대화들이 시간만 잡아먹고 아무런 성과 없이 끝나는 이유는 혼자서 일방적으로 장황하게 떠들어대고 상대방은 듣기 싫은 것을 억지로 듣는 척 하고 있기 때문이다(특히 회의를 소집해 놓고 혼자 말 다하는 높은 직위에 있는 분들은 이 점을 명심하기 바란다. 백 마디 장황하고 화려한 웅변보다 오히려 그들의 현장 고충에 귀를 기울여 주고 마지막에 몇 마디 진심이 담긴 말로 마무리하는 것이 훨씬 목표 달성에 유리함을 알아야 한다).

　다섯 번째를 소개할 차례이다. 이번에도 우리나라 사람들의 정서와 반대되는 원칙이라서 조심스럽다. 그러나 자전거를 처음 배울 때 넘어지는 쪽으로 핸들을 틀어야 함을 생각하면서 이 기술을 받아드려 주기 바란다. 이번에는 **당신의 감정 변화에 대해서도 솔직하게 표현하라**는 것이다. 우리는 (특히 나이 든 분들은) 이런 태도를 가볍고 촐싹거리는 스타일이라면서 낮게 평가하는 경향이 있다. 그런데 많은 경우 자신의 감정을 감추고 숨기고 참는 '미덕'이면에는 적지 않은 부작용들이 잠재되어 있음을 우리는 인정해야 한다.

그러한 부작용에 대해 구체적으로 예를 들기 전에 우선 두 가지 감정적 변화를 나누어 생각해 보기로 하자. 한 가지는 긍정적 변화이다. 즉 상대방의 말을 듣고 내가 기분이 좋아지거나 용기가 생기는 등의 변화가 나타나는 경우이다. 사실 이런 경우조차도 우리는 잘 표현을 안 하는 경향이 있는데, 이건 정말 잘못된 습관이 아닐까? 당연히 그런 느낌을 갖게 해 준 상대방에게 표현을 하고 고마움을 표시해야 하지 않겠는가? 그러면 상대방은 더 신이 나서 좋은 얘기를 더 많이 해 줄 테니까 …….

그런데 문제는 감정의 부정적 변화가 나타난 경우일 것이다. 상대방의 말을 듣고 나서 불쾌하거나 화가 나거나 힘이 빠지거나 등등의 경우 말이다. 연금술사가 지금 다루고 있는 의사소통 기술의 원칙에 의하면 이 경우조차도 지나치게 참거나 숨기지 말고 용기를 내어 상대에게 표현을 해야 한다. 왜 그런지를 예를 들어 살펴보자.

예컨대 직장에서 상사가 자꾸 인격을 건드리는 표현을 하는데 이에 대한 불만을 직접 표현하는 것이 두려워 참고 안 그런 척 한다고 치자. 물론 한두 번의 경우라면 이것이 분명 나은 태도이다. 하지만 이런 상황이 세 번 이상 계속 된다면 이때는 문제가 달라진다. 일 자체가 스트레스가 되기도 하고, 출근하기조차 싫어질 수도 있다. 결국 이 문제를 해결하는 가장 흔한 방법은 상사가 없는 술자리에서 동료들에게 상사에 대해 흉을 보거나 욕을 하면서 스트레스를 푸는 것이다. 그러나 이런 식으로 문제가 완전히 해결이 되겠는가? 이런 부작용을 방지하기 위해서라도 차라리 용기를 내어 상사에게 당신의 '감정적 변화'를 솔직하게 털어놓는 것이 나을 수 있다는 것이 이 다섯 번째 기술의 취지이다. 물론 주의할 점은 당신의 감정을 이성이 통제할 수 있는 상황에서 정중하고 예의바르게 표현해야 한다는 것이다. 그리고 이 경우도 앞의 두 번째 기술을 응용하여 3분 이내에 당신의 감정을 솔직하게 털어놓은 뒤 상대방에게 "어떻게 생각하십니까?"라는 질문으로 마무리해야 한다. 예를 들어 다음과 같이 하면 된다. "팀장님, 여러 차례 망설였지만 아무래도 솔직하게 털어놓고 도움을 청하는 것이 바람직하다고 여겨 말씀드리고자 합니다. 팀장님께서 하시는 말씀이 그 동안 사실 저에게는 적지 않은 상처가 되었습니다. 이러저러한 표현은 업무와 관계없이 저의 인격과 자존심을 건드리는 표현이라는 생각입니다. 어떻게 생각하시는지요?"

다시 자전거 배우는 예를 상기하기 바란다. 첫 번째 원칙은 두려움을 없애라는 것이었다. 그렇다. 두려움을 없애고 용기를 내어 당신의 감정에 대한 부정적 변화를 솔직하게 상대방에게 전달하라.

당신이 우려했던 것보다 훨씬 좋은 결과가 보상이 되어 돌아올 것이다.

여섯 번째 기술을 소개하자. 이번에는 서로에 대한 장단점에 대해 적극적으로 피드백을 주고받는 기술에 관한 것이다. 이번에도 우리 동양인들에게는 아주 꺼려하는 부분을 건드리는 기술임을 연금술사는 잘 안다. 아무리 친한 사이라도 우리는 상대방의 단점에 대해 말하려 하지 않는다. 해 보았자 귀담아 듣는 사람도 별로 없다. 오히려 말하는 순간부터 그와의 관계가 오히려 나빠질 것을 각오해야 한다. 그러니 알아도 모르는 척, 보아도 못 본 척하는 것이 대인관계의 기술로 오랫동안 정착되어 왔다. 그런데 문제는 이 경우에도 본인이 없는 자리에서 제삼자들끼리 흉보는 것을 매우 즐기는 현상으로 대체되어 버렸다는 점이다. 이건 결코 건강한 습관이 아니지 않은가?

그래서 여섯 번째 기술을 지금부터 말하려 한다. 이 여섯 번째 기술은 다시 몇 가지로 세분화된다. 우선 제일 먼저 **당신이 먼저 주변 사람들(상사나 부하 혹은 동료, 가족 등 당신과 가까운 사람들)에게 수시로 피드백을 구하라**는 것이다. 즉, "나에 대해 어떻게 생각하십니까? 솔직하게 말해 주십시오. 겸손하게 듣고 고칠 점은 고치도록 노력하겠습니다"라고 묻는 것이다. 이것은 당신의 인격을 성숙시킬 수 있는 귀중한 정보를 얻을 수 있도록 해 줄 뿐만 아니라 그들이 당신 없는 자리에서 당신을 흉보는 것을 원천봉쇄할 수 있는 기술이기도 하다. 특히 상사들은 부하 직원들에게 이 기술을 자주 활용하

라. 존경받는 리더가 되는 지름길이 될 것이다.

다음, 당신이 만일 상대방으로부터 이런 요청을 받았다면 이때는 대뜸 '너 말 한 번 잘했다'싶어 상대방에 대해 느끼고 있던 단점들을 마구 쏟아내지 말고, **우선 상대방의 장점을 찾아서 칭찬부터 해야 한다**는 점이다. 햄버거를 보면 가운데 고기를 양쪽의 푹신한 빵이 감싸고 있듯이 상대방의 단점을 지적할 때는 반드시 칭찬으로 감싸서 전달해야 한다는 점을 명심해야 한다. 그래야 상대방은 편안한 마음으로 당신의 지적을 받아드릴 것이다. 아무리 스스로 단점을 말해 달라고 요청을 했더라도 말이다. 특히 칭찬은 진심어린 것이어야 한다. 그저 입에 발린, 혹은 억지로 만든 칭찬은 효과가 없다. 물론 이러한 칭찬은 평소에 상대방을 잘 관찰해야만 발견이 가능하다.

피드백을 주고받을 때의 기술에는 한 가지가 더 있다. 만일 상대방이 자신에 대해 말해달라고 요청하지 않았지만 당신으로선 꼭 말해 주고 싶은 경우이다. 물론 먼저 체크할 것은 그러한 당신의 동기가 우정이나 사랑, 혹은 공적인 업무 때문인지 아니면 그냥 비난하고 싶기 때문인지 여부이다. 후자라면 그냥 참기 바란다. 전자일 경우라면 이번엔 **상대방에게 먼저 허락을 받으라**는 것이 요지이다. 예를 들면 "당신에게 해주고 싶은 말이 있는데 들어 주시겠습니까?"라는 식의 표현이 이에 해당한다. 상대방이 그러겠다고 하면 그 다음 수순은 앞에서 말한 대로 햄버거 식의 피드백을 전달하면 된다. 이 기술은 직장 상사가 부하 직원에게 무언가 지적해주어야 할 때조차 지켜야 할 원칙임을 강조한다. 여기까지가 여섯 번째 기술이다.

이제 마지막 **일곱 번째**를 말할 차례가 되었다.

그런데 이 일곱 번째는 '기술'이 아니라 결론에 해당한다. 다름 아니라 **'기술'보다 상대방을 존중하는 '마음'이 백 번 더 중요하다는 점을 명심하라**는 것이다. 위의 여섯 가지 기술을 다시 한 번 찬찬히 읽어보기 바란다. 그 모두는 결국 나 혼자 일방적으로 내 주장만 펼치고 나서(혹은 상대방이 말할 때 딴 생각이나 하고 침묵을 지키고 앉아 있다가) 뒤돌아서는 식의 대화를 하지 말고, 내 주장도 간단명료하고 정직하게 말한 뒤에 상대방의 말을 경청하고, 느끼는 점이 있으면 다시 또 솔직하게 표현한 뒤 상대에게 말할 기회를 넘기는 그런 식의 대화를 하기 위한 기술인 것이다.

오늘날 우리 사회에 얼마나 많은 갈등들이 존재하는가? 이 모든 갈등의 대부분을 성숙한 대화의 기술로 풀 수 있다는 연금술사의 생각은 지나친 것일까? 연금술사는 이 단순한 믿음을 가지고 오늘도 내일도 이러한 의사소통 기술을 전파하기 위해 대한민국 곳곳을 뛰어다닐 작정이다.

# 26_ '주4일 근무제'
어떻게 생각하십니까?_

이렇게 질문하면 봉급쟁이들은 눈이 휘둥그레질 것이고, 경영자들은 가슴이 철렁 내려앉을지도 모르겠다. 그런데 이 아이디어는 필자의 독창적 아이디어가 아니다.

이미 오래전에 - 좀 더 구체적으로 말하면 1960년도 신문기사에 - 실렸던 것을 언젠가 출근길 라디오에서 듣고 이야기를 꺼내 보는 것이다. 라디오 DJ의 말대로 하자면 그 기사는 미래를 예측해 보는 내용이었는데, "이처럼 과학이 눈부시게 발전한다면 40년이 지나 21세기가 되면 직장인들이 일주일에 4일만 일하고 3일을 노는 세상이 올 것 같다"고 주장했다는 것이다.

지금 우리는 이미 21세기에 살고 있다. 하지만 아쉽게도 그 꿈같은 예측은 아직 성취되지 않았다. 하긴 적어도 주5일 근무제가 우리 기업체들에게도 확산되는 것을 봐서는 조금씩 그 꿈에 다가서고 있는 듯도 하다. 하지만 현실을 냉철하게 들여다보면 적어도 우리나라의 경우, 아직 주5일은 고사하고, 정시에 퇴근하고, 주말에 꼬빡꼬빡 쉴 수 있는 환경에서 일하는 근로자들이 아직 그렇게 흔하지 않다. 여전히 우리는 몸으로 때우는 것으로 생산성의 취약점을 보완하는 후진적 상황에 머물러 있다고 볼 수 있다.

그래서 우리는 가끔 "OECD 국가 중 우리처럼 치열하게 살아가는 나라가 어디 있나? 우리는 왜 이토록 정신없이 뛰어야 하는가? 좀 더 여유 있게 살아갈 수는 없는가?" 등의 자조 섞인 대화들을 나누기도 한다.

그런데 라디오에서 60년도 신문기사를 소개했던 DJ는 이야기를 다음과 같이 마무리 했었다. "우리가 아주 포기하지는 맙시다. 다시 40년 정도를 더 기다린다면 4일만 일하고 3일을 쉴 수 있는 그런 날이 올 것 같지 않습니까?" 사실 그렇다. 컴퓨터가 발명되고 온갖 첨단 기술들이 눈부시게 쏟아져 나오고 있는 세상에 우리가 살고 있지 않은가? 도대체 그 기술들은 무슨 목적으로 발명되고 제작되어 쏟아져 나오는가 말이다. 결국 인간의 삶의 질을 더 높여주기 위한 것이 아닌가? 주객이 전도되어선 결코 안 될 것이다.

그렇다면, 왜 현실은 더 악화되는 것처럼 보이는 것일까? 생존 경쟁은 더욱 격화되고, 우리네 삶은 더욱 치열해지며 각박해지는 것만 같다. 이제 우리는 정신없는 달음질로부터 잠시 멈추어 서서 본질에 대한 사색의 시간을 가져야 한다. 왜 기술은 우리의 삶의 질을 더욱 악화시키는 것 같은가? 왜 주객이 전도되는 현상이 벌어지고 있으며, 왜 주4일 근무제는 고사하고 주5일 근무제조차도 쉽지 않은 것일까?

이 책 앞부분에서 필자는 개미의 예를 들면서, 과도기에 처했기 때문이라는 진단을 내리기도 했다. 하지만 결코 그것이 해답의 전부는 아닐 것이다. 이제 좀 더 다른 각도에서 이에 대한 처방전을 모색해 보기로 하자.

우선 무엇보다 먼저 **우리 모두의 – 경영자나 근로자나 모두 – 패러다임을 바꾸는 것이 시급하다.** 과거 그저 열심히 일하는 근로자들이 칭찬받던 패러다임은 이제 변화해야 하는 시점에 와 있음을 주장하는 것이다. 이제는 스마트하게 일하는 프로들이 필요한 때이다. 즉, 우리 모두는 이제 적은 노력으로 최대한의 결과를 가져올 줄 알고 결국 일과 여가의 균형을 지킬 줄 아는 지식근로자가 되어야 한다. 이런 이들을 우리는 화이트칼라도 아니고 블루칼라도 아닌 골드칼라라고 부른다는 것은 이미 밝힌 바 있다. 상사의 눈치를 보며 저녁 늦게까지 자리를 지키는 직원을 칭찬할 것이 아니라, 제 시간에 자신이 맡은 업무를 깔끔하게 처리하고 정시에 퇴근할 줄 아는 직원을 오히려 칭찬하는 그런 문화가 우리 기업과 직장 내에 정착되기를 간절히 희망한다.

여기서 연금술사는 오래도록 숨겨 놓았던 나만의 젊었을 적 "크고 위험하고 대담한 목표"를 한 가지 공개해야 하겠다. 직장 생활을 한참 하고 있던 30대부터 나는 '한 달 30일 중 딱 10일만 일하고 10일은 놀고 나머지 10일은 쉬는 인생을 살고 싶다'는 엉뚱한 생각을 했었다. 물론 동료들이 농담 삼아 가끔 '돈에 구애받지 않으면서 백수로 살 수 있다면 얼마나 좋을까?'라고 푸념을 늘어놓긴 했지만 나에게 이것은 그냥 푸념이거나 백일몽이 아닌 구체적 인생의 목표로 자리 잡아 갔다.

그리고 지금 아직 50대 초반의 나이에 연금술사는 이 목표를 이루고 그대로 살아가고 있음을 감히 밝힌다. 아직도 이런 라이프스타일에 대해 마땅치 않게 여기거나 심지어 비난하고 싶어 하는 분들도 여전히 많이 있음을 알지만 연금술사는 떳떳하게 밝히고 싶다. 그리고 이미 선진국에서는 이런 스타일로 살아가는 골드칼라들이 얼마든지 존경을 받고 부러움을 사는 대상이 되고 있음을 강조하고 싶다. 제발 우리 대한민국의 패러다임도 바뀌기를 간절히 바래본다.

이제 다음으로 **생산성**에 관한 언급을 하고자 한다. 만일 충분한 생산성 향상을 보여주지 못하면서 무조건 주4일 근무니 한 달에 열흘만 일하겠다느니 주장만 한다면 이 또한 설득력이 없다. 우리나라 근로자들의 생산성이 아직도 선진국 수준에 못 미치고 있음을 보여주는 객관적 자료들은 얼마든지 있다

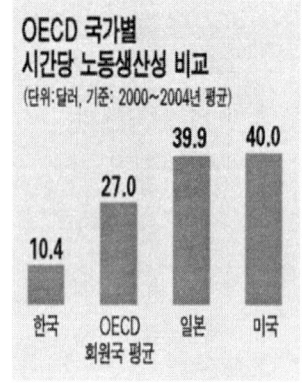

(일례로 지난 2006년도에 상공회의소가 OECD 자료를 분석해 발표한 '생산성 제고를 위한 7대 과제' 보고서에 따르면 2000년부터 2004년까지 우리나라 근로자의 시간당 노동생산성은 10.4달러로 OECD 회원국 평균 생산성(27.0달러)의 38.6% 수준에 머물렀으며 특히 미국과 일본에 비해서는 4분의 1 수준에 그쳤다).

어떻게 하면 생산성을 더욱 향상할 수 있을까? 사실 이 질문은 골드칼라들이 해야 할 아주 원초적인 질문이다. 적은 자원과 노력을 투자하여 최대의 결과를 얻고자 하는 것 – 이것은 경제란 용어의

정의이자 동시에 우리가 끊임없이 추구해야 하는 중요한 기본 목표
이다. 어찌 보면 인류는 이 질문을 토대로 문명을 발전시켜 왔다고
해도 과언이 아닐 것이다.

　필자가 지금까지 피력해 온 '21세기 연금술'도 결국 다름 아닌
바로 이러한 생산성 향상에 관한 것이라고 집약해서 말할 수도 있
다. 납덩어리를 금덩어리로 바꿀 수만 있다면 이보다 더 큰 생산성
이 어디 있겠는가? 우리는 상징적인 의미에서 이러한 연금술을 연
마해야 한다고 보는 것이다. 예컨대, '왜라고 질문하자'라는 제목
의 글이나 '행운을 믿어라'와 같은 글조차도 모두가 당신의 생산
성 향상을 위한 지침들이라고 보아도 틀림이 없을 것이다.

　이렇게 패러다임이 바뀌어야 할 것과 생산성을 향상할 것 등 두
가지에 대해 제시했는데 이와 관련하여 다음 장들에서는 연금술사
의 관점에서 바라 본 새로운 시(時)테크와 휴(休)테크에 대해 다루
어 보기로 하자.

New Alchemy
for Gold Collar

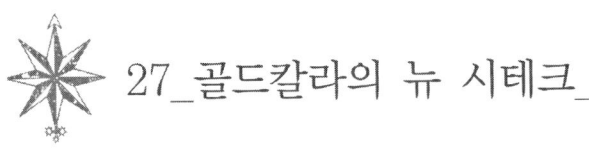

27_골드칼라의 뉴 시테크_

골드칼라와 시테크란 두 단어는 모두 이미 앞에서 여러 차례 언급한 바 있는 이 땅의 최고수 연금술사 중 한 분인 윤은기 박사를 떠올리게 한다. 시테크란 단어는 아예 그가 만들어 낸 신조어이기도 하다. 그는 1992년에 『시테크 - 시간 창조의 기술』이란 책을 통해 이 용어를 한국 사회에 퍼뜨렸다. 그리고 2년 후 1994년에는 다시 『시테크 성공학 - 뉴코리언 타임을 만들자』란 책을 통해 119가지나 되는 시간관리 요령을 집대성해서 소개한 바 있다. 사실 이 책들은 10여 년이 지난 지금도 다시 읽으면 골드칼라들에게 큰 도움이 된다. 특히 필자처럼 한 달에 열흘만 일하면서 살기를 원하거나 주 4일 근무를 지향한다면 더더욱 그렇다.

하지만 필자는 여기서 몇 가지 시테크를 더 추가해서 소개하고자 한다. 그의 책에 비하면 사족에 불과할지도 모르지만 필자가 적용해서 큰 효과를 본, 다시 말해 평범한 직장인이라도 당장 실천이 가능한 몇 가지 지혜를 추가하는 것은 나름대로 의미가 있다고 믿는다.

우선 우리가 매일 열어보게 되는 이메일 처리와 관련하여 먼저 연금술사가 적용하는 원칙을 소개하기로 하자. 예전에 나는 새로 온 메일들을 일단 다 읽어보는 것을 습관처럼 했었다. 만일 그 메일

안에 누구한테 전화를 걸어야 한다든지 무언가 조치를 취해야 할 일들이 있더라도 나중에 다시 읽어보고 할 생각으로 일단 그 메일을 닫고 다음 메일로 넘어갔다. 만일 그 메일에 첨부 파일이 함께 들어있을 경우에는, 더더군다나 그 자리에서 그 첨부 파일을 열어보는 일이 아주 긴급한 사안이 아닌 경우 거의 다음으로 미루는 것을 당연시해 왔었다.

그런데 언젠가 강의를 준비하기 위해 'Do It Now'라는 시간관리 자료를 접한 뒤 내 습관을 바꾸기 시작했다. 그 자료에는 하나의 이메일을 열어 읽어 본 뒤 무언가 조치를 취해야 할 일이 그 안에 들어있고 그 일이 대강 10~15분 안에 끝날 수 있는 일이란 판단이 서면(예컨대 전화를 하는 일이나, 답장을 하는 일 등), 다음으로 절대 미루지 말고 **다음 메일을 열어보기 전에 그 자리에서 당장 해치우라**는 조언이 들어 있었던 것이다. 특히 첨부 파일이 들어 있을 때 나중에 보겠다고 미루면 결국 그 파일을 열어 볼 확률은 매우 낮다. 그러니 조금 귀찮더라도 그 자리에서 바로 열어보는 것이 현명하다. 아무리 분량이 많은 자료일지라도 대강 훑어보는데 생각처럼 그렇게 많은 시간이 걸리지 않는다. 그러니 훑어보고 필요에 따라 지우던지 따로 저장하던지 프린트를 하던지 바로 분류해서 처리하라는 것이다. 이 작은 습관의 변화가 나의 시간을 얼마나 절약해 주었는지, 그리고 필요한 일들을 얼마나 깔끔하게 처리할 수 있게 되었는지 정말 놀랄 정도이다. 독자도 '지금 당장' 이 습관을 들여보기 바란다.

다음으로는 15분 이상 걸릴 것으로 판단되는 해야 할 일들을 처리할 때 고려해야 할 요령들에 관해서 말하겠다. 이때는 할 일들을 목록화 한 뒤 우선순위를 정해서 처리해야 한다는 것은 누구나 다 잘 아는 원칙이다. 그런데 문제는 이 우선순위를 어떻게 정할 것인가에 있다. 이에 관해서도 이미 전문가들이 많은 지혜와 요령들을 제시해 왔다. 스티븐 코비 박사는 급한 일과 중요한 일을 구분한 뒤 급하지 않지만 중요한 일에 투자하라고 우리에게 귀중한 교훈을 전해 주었다. 또 리차드 코치는 80 / 20 법칙을 응용하여 20%의 중요성을 차지하는 80%의 일은 과감히 남에게 위양하고 80%의 중요성을 차지하는 20%의 일에 집중하라는 요령도 제시했다.

그런데 여기서 연금술사는 조금 다른 원칙을 제시하고자 한다. 그것은 **어려운 일을 뒤로 미루지 말고 먼저 해치우라**는 것이다. 우리는 심리적으로 쉬운 일을 먼저 처리하고자 하는 경향이 있다. 이 역시 핸들을 반대편으로 트는 자전거 초보자들의 경향과 같은 맥락임을 명심하기 바란다. 왜 어려운 일을 먼저 해치워야 하는지는 여러 가지 이유가 있다. 첫째, 어려운 일이 아직 앞에 놓여 있으면 다른 일을 하더라도 그 일이 맘에 걸려 집중이 잘 안 된다. 둘째, 막상 어렵다고 느끼던 일들이 (혹은 많은 시간이 필요하다고 느끼던 일들이) 막상 시작해 보면 처음 생각했던 것보다 훨씬 쉽거나 빨리 끝나는 경우가 매우 많다(연금술사의 말을 믿고 한 번 시도하고 관찰해 보라). 셋째, 어려운 일을 먼저 해치우고 나면 자신감이 생겨서 나머지 일들은 더욱더 잘 해낼 확률이 높아진다.

골드칼라의 새로운 시테크 하나만 더 제시하겠다. 이번에는 회의나 모임, 교육 등의 경우 시간 지키기에 관한 것이다. 우리나라 사람들의 오랜 습성 중 하나가 정해진 시간보다 조금 늦게 나타나는 것임은 아마 모두가 인정할 것이다. 그래서 코리언타임이란 말까지 생겨났다. 결국 우리는 거의 대부분의 회의나 교육을 사전에 정해놓은 시간보다 조금 늦게 시작하고, 끝내는 것도 역시 조금(혹은 많이!) 늦게 끝내는 것을 자연스럽게 여겨 온 것이다.

그러나 연금술사는 이러한 우리들의 습관이 결코 바람직하지 않다고 믿는다. 요즘 흔히 말하는 글로벌 스탠더드에도 맞지 않는다. 뿐만 아니라 이런 작은 습관들이 모여서 우리나라 근로자들을 더욱 바쁘게 만들고 정시에 퇴근해서 가족과 함께 개인적 삶을 영위하는 것을 방해하고 있다. 얼마 전 직장인들을 대상으로 설문조사한 결과 생산성의 가장 큰 저해 요인이 쓸데없는 많은 회의 때문이라는 것이 밝혀지기도 했다. 오죽하면 어떤 회사는 '서서 회의하기' 운동까지 벌였겠는가?

그래서 연금술사는 강의하러 다닐 때 반드시 지키는 원칙이 하나 있다. 그것은 **정해진 시간에 정확하게 시작하고, 대신에 끝내는 것은 정해진 시간보다 조금 일찍 끝내는 것**이다. 이것이야말로 글로벌 스탠더드라고 믿기 때문이다. 그렇게 해서 늦게 오는 분들이 '아무개 강의 시간에는 무조건 제 시간에 도착해야겠구나'라는 인식이 확실하게 들도록 노력해야 한다.

이상으로 이미 알려진 시간관리의 원칙들 외에 중요하다고 여기는 세 가지 지혜를 소개했다. 중요한 것은 당신의 의지를 동원해서 '지금 당장' 습관의 변화를 일으키는 것이리라. 독자의 용맹 정진을 기대해 본다.

New Alchemy
for Gold Collar

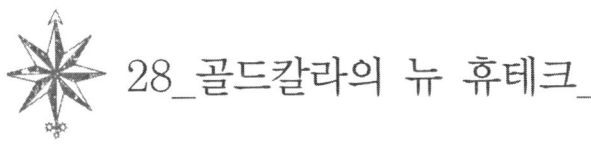

28_골드칼라의 뉴 휴테크_

이번에는 또 다른 신조어 휴테크를 생각해 볼 차례이다. 주 5일 근무제가 도입된 후로 기업체에서 직원들의 주말 보내기를 지원해 주기 위한 여러 가지 방안들이 동원되고 있는 현상과 더불어 생겨난 말이다. 역시 이에 대해서도 인터넷과 매스컴에서 이미 많은 이야기들을 쏟아 내놓고 있다. 그러나 이 책에서는 역시 아직 시중에 잘 다루어지지 않은 몇 가지 새로운 관점을 다루어 볼 작정이다.

　우선 한 가지는, 연금술사의 요즘 모습을 "열흘 일하고 열흘 놀고 열흘 쉰다"라고 표현했던 것을 다시 살펴보면 '노는 것'과 '쉬는 것'을 구분해 놓았다는 점이 아직 아무도 다루지 않은 부분이다. 휴테크란 말에 나오는 '휴(休)'는 쉬는 것에 관한 것인가, 아니면 노는 것에 관한 것인가? 문자 그대로 보면 쉰다는 의미일 테지만, 이 용어와 관련된 매스컴의 기사들이나 인터넷의 블로그들을 보면 주로 노는 기술을 다루고 있다는 생각이 든다. 아마도 쉬는 것과 노는 것을 별로 구분하지 않기 때문일 것이다.

　그런데 좀 더 신중하게 생각해 보자. 직장인들이 월요일부터 금요일까지 직장에서 얼마나 시달리면서 일을 하는가? 그런데 주말이 되어 홈스위트 홈에 가서 푹 쉬고 싶지만 가족들이 가만 내버려 두질 않는다. 심지어 직장에서조차 휴테크를 지원한답시고 다양한

'놀이'의 기회를 제공하고 있으니 정작 직장인 본인은 마지못해 가족을 위해 또 시달리면서 '놀아' 주어야 하는 것이다. 그렇게 육체적으로 시달리고 월요일에 출근할 때면 정말 진정으로 몸과 마음이 모두 재충전되어 업무에 임할 수 있게 되는지 정직하게 자문해 볼 일이다. 오히려 '월요병'에 시달리는 직장인들이 더 늘어나는 것은 아닌지 말이다.

이래서 연금술사의 생각은 **노는 것과 쉬는 것을 엄격히 구분하고 이 두 가지를 위한 시간을 따로 확보해야 한다**는 것이다. 여전히 현실을 무시한 뜬구름 잡는 얘기라고 화를 내는 분들이 있으리라고 짐작한다. 그러나 최소한 우리는 꿈을 꾸어야 한다. 크고 위험하고 대담한 꿈! 코엘료의 책 『연금술사』에서 주장하듯이 우리가 무엇이든 간절히 원하면 언젠가 그 원하는 것이 실현될 것이라는 믿음만은 잃지 말기를 바란다.

필자의 경우를 또 용기를 내어 예시해 보려 한다. 열흘 일한다고 표현했을 때 이 일은 나에게 있어서 강의와 컨설팅을 하는 평균 일수를 말한다. 물론 영업을 위해 고객을 방문하는 일도 포함되어 있다. 다음으로 열흘 논다고 표현했을 때는 여행과 등산 그리고 골프 등 나의 취미 생활들이 포함된다. 친구나 동창을 만나는 일, 이웃과 어울려 외식을 하거나 수다 떠는 일도 이 범주에 속한다. 나머지 열흘은 쉰다고 표현했는데 여기에는 집에서 책도 읽고 음악이나 영화 감상도 하고 때로는 낮잠도 자고, 한 가지 더 포함시키자면 이렇게 서재에 앉아 글을 쓰는 것도 나에게 있어서는 쉬는 범주에 들어간다. 나는 현재 그렇게 살아가고 있다.

이쯤에서 조금 종교적 냄새가 나는 얘기를 하나 하련다. 성서 이야기다. 독자가 기독교인이 아니더라도 성서가 주는 일반적 지혜에는 귀를 기울여 줄 여유가 있으리라 믿고 소개하련다.

다음의 글은 매일 내게 이메일로 보내주시는 김진홍 목사의 글 중 하나이다. 그 분은 이미 유명인사가 되었다.

"빛을 낮이라고 하시고, 어둠을 밤이라고 하셨다. 저녁이 되고 아침이 되니, 하루가 지났다." (창세기 1장 5절)

성경에서의 시간 계산이 일반적인 우리들의 계산과는 다르다. 우리는 하루의 시작을 아침에서부터 시작하여 밤으로 이어진다. 대체로 아침 동 틀녘으로부터 하루가 시작되어 해 질 때까지를 낮이라 여기고 저녁 해 질 무렵부터 다음 날 해 뜰 때까지를 밤이라 생각하여 하루가 지나는 시간으로 여긴다. 그러나 성경의 계산은 완전히 다르다. 해가 져서 밤이 시작되는 때를 하루의 시작으로 생각하고 동이 터서 하루의 일과가 시작 되는 때는 하루의 안식이 끝나고 일터로 나가 땀 흘려 일하고 해가 지는 때를 하루의 끝이라 생각한다.

하루의 시작과 끝에 대한 이런 차이가 중요한 이유는 안식하는 시간 즉 쉼을 중요시 하느냐 아니면 일하는 시간 노동을 중요시 하느냐에 대한 관점의 차이가 있기 때문이다. 우리들의 생각은 일하는 시간을 우선시하기에 일하는 시작이 되는 아침을 하루의 시작으로 여겨 낮을 중요하게 여긴다. 그러나 성경은 안식하는 시간인 쉼을 중요시하기에 밤을 중요시 한다. 그래서 해 질 녘으로부터 시작되는 밤을 하루의 시작으로 여기는 것이다. 이런 사고방식의 연장으로 성경은 엿새 동안의 일하는 시간보다 하루 동안의 안식을 더 소중히 여긴다.

그래서 성경에서는 엿새 동안에 일을 하지 않는 사람에게는 별 다른 제재 조치가 없었지만 하루 동안의 안식하는 시간을 어기는 사람에게는 심지어 사형에 이르는 가혹한 형벌을 가하였다. 안식하는 쉼을 그만큼 중요하게 여겼기 때문이다. 구약성경의 두 번째 책인 출애굽기 20장에서 이스라엘 백성들에게 일러 준 열 가지 계명 중에서 4번째 계명이 안식일 준수에 대한 계명이다.

"안식일을 기억하여 그 날을 거룩하게 지켜라. 너희는 엿새 동안 모든 일을 힘써 하여라. 그러나 이렛날은 주 너의 하나님의 안식일이니, 너희는 어떤 일을 해서는 안 된다." (출애굽기 20장 8~10절)

김 목사가 미처 적시하지 못한 또 하나의 사례는, 하루의 시작뿐만 아니라 일주일의 시작도 월요일이 아니라 일요일이라는 사실이다. 지금 달력을 확인해 보라. 일주일의 첫날은 쉬는 날로 이루어져 있지 않은가? 이렇게 보면 주5일 근무제만으로도 노는 날과 쉬는 날을 따로 확보할 수 있는 것이다. 일요일은 쉬고, 월요일부터 금요일까지는 일하고, 토요일은 놀면 된다.

어쨌든, 수천 년 동안 인류에게 가장 위대한 책으로 알려진 성서가 이토록 휴테크의 중요성을 강조하고 있음을 우리 대부분은 미처 모르고 있는 것 같다. '놀고먹는' 것을 오래도록 죄악시 해 온 우리로서는 정말 과감한 패러다임의 변환을 하지 않고는 쉽게 받아드리기 어려울 것이다. 하지만 이제는 정말 생각을 바꾸어야 한다. 특히 우리나라 사람들에게는 정말 절실하다. 도대체 우리는 왜 그렇게 열심히 일을 하는가. 일 자체를 위한 일을 하여 결국 일 중독에 빠지는 어리석음을 범하지 말자. **일과 휴식과 그리고 인생을 즐기는 것의 균형을 이루는 그런 골드칼라들이 이 땅에 더욱 많이 퍼져가기를 희망한다.**

New Alchemy
for Gold Collar

또 다른
목적지를
향하여

발전을 향한 열정은 인간의 깊은
— 탐험, 창조, 발견, 성취, 변화,
발전하고 싶은 — 욕구로부터 일어난다.
다만 "목표를 가져야 한다"라는 등의
단조롭고 지성적인 인식이 아니다.
오히려 발전을 향한 열망은 깊고 내재적인
그리고 충동적인 — 거의 원시적인 — 열정이다.

— 제임스 콜린스, 제리 포라

 ## 29_코엘료의 『연금술사』_

우리는 지금까지 우리에게 주어진 세 개의 원초적 질문을 이용하여 골드칼라가 되어 인생을 풍요롭게 살아가기 위한 다양한 연금술들을 익혀 왔다. 그러나 이 세 가지 질문은 직선이 아니라 원으로 이루어져 있다. 세 번째 질문의 해답을 찾고 나면 우리는 어느새 다시 첫 번째 질문에 봉착하게 된다.

　이를 극명하게 우리에게 상징적으로 보여주는 책이 바로 코엘료의 『연금술사』가 아닌가 싶다. 이 책 서두에서 밝혔듯이 필자가 스스로 연금술사라고 감히 별명을 붙인 것도, 이런 책을 집필하게 된 것도 이 책이 준 영감 때문이다. 그래서 여기서는 이 책을 두 번째 읽고 일기장에 써 놓았던 독후감을 얼마간 손질하여 옮겨 놓으려 한다.

　　이 책은 수개월 전에 딸아이가 권하는 바람에 한 번 읽어보고 감명을 받았었는데, 지난달에 다시 읽어보게 되었다. 한 가지 새로운 발견은 정말 중요한 책은 두어 번 반복해서 읽는 것이 필요하다는 사실이다. 이것 역시 내가 앞으로 실천해야 할 중요한 원리 중 하나일 것이다. 이 책은 브라질의 파울로 코엘료 작으로 국내에서는 최정수가 번역한 것을 문학동네

출판사에서 출간하였다. 최근 국내 서점가의 베스트셀러 1위에 오르기도 한 것으로 안다 ("혹시 내가 선전을 하고 다녀서 그런 것일지도 몰라……" 이렇게 딸아이에게 말했다가 비웃음만 당했다). 이 책은 마치 옛날 내가 정말 재미있게 읽었던 『꽃들에게 희망을』이나 『어린왕자』와 같은 '어른들이 읽는 동화책' 류에 속한다. 이런 책을 유독 내가 좋아하는 것을 딸아이도 안 것이다. 나는 정말 '피터팬 증후군'에 얼마간 걸려있는 것 같다. 그러나 나는 이러한 나의 특성을 포기하거나 부끄러워하고 싶지 않다.

어쨌든 나는 이 책을 읽고, 앞으로 나의 '브랜드'를 '연금술사'로 하기로 결정했다. 그동안 골드칼라에 대해 강의 때마다 선전하고 다녔는데, 사실상 나는 이제 그러한 골드칼라들을 양성하는 직업을 가지고 있으니, 금을 만드는 연금술사와 다를 바 없지 않은가.

그 외에도 이 책은 내게 많은 교훈을 주었다. 우선 '표지'를 따라가다 보면 자신의 '자아의 신화'를 이룰 수 있다는 말부터 그 동안 내가 주장하던 골드칼라의 사상과 일치한다. '자아의 신화'란 신이 각 개인에게 부여한 고유의 존재가치를 의미하는 것일 테고, 표지를 따라가라는 말은 보이든지 보이지 않든지 우리의 삶 속에 끊임없이 개입하시는 신의 손길을 거부하거나 불평하지 말고 순응해 가라는 뜻일 것이다. 신이 천지만물을 동원하여 나 자신의 존재가치를 성취해 가도록 돕고 계시다는 믿음은 얼마나 중요한가.

이 책이 주는 또 하나의 중요한 교훈은, 그러한 자아의 신화를 이룸에 있어서 신은 우리의 인내를 실험하신다는 것이다. 우리에게 줄 '보물'을 준비하고 계시되 충분한 훈련을 거쳐 그 보물을 누릴 줄 아는 존재가 된 후에 주신다는 사실이다. 이 냉혹한 훈련의 과정을 믿음과 사랑과 소망으로 견뎌야 할 것이다.

그렇게 혹독한 훈련의 여정을 견뎌낸 주인공이 결국 그의 보물을 찾은 곳은 그가 처음 보물찾기 여행을 떠나던 바로 그 출발지의 발밑이었다는 마지막 장면은 정말 이 책의 백미(白眉)였다.

어쨌든 이 책은 당분간 내 삶에 적지 않은 영향을 줄 것으로 보인다.

■ 2003년 12월 27일 토요일, 날씨: 맑음

그렇다. 우리는 다시 제자리로 돌아왔다. 그러나 독자가 이 책을 여기까지 성실하게 읽어 왔다면 이제 그대는 그대의 발밑에 고이 묻혀있는 '골드' 즉 보물을 발견할 준비가 되었다고 믿는다.

자, 이제 그 보물의 뚜껑을 열기 위한 마지막 연금술을 진지하고 엄숙한 마음으로 읽어 보기로 하자. 서른 번째 연금술이다. 3이란 숫자의 상징성을 여러 차례 강조했는데 서른 번째 연금술, 기대되지 않는가? ^^

New Alchemy
for Gold Collar

30_골드칼라의 뉴 인테크_

이 책의 마지막 장이다. 마지막 장이란 결론 혹은 대단원의 막을 내리는 장이 되어야 할 것이다. 여기서 연금술사는 아직은 낯 설은 단어 '인(人)테크'를 동원하고자 한다. 앞에서 시테크와 휴테크 등과 관련된 연금술을 피력했지만 **모든 '테크' 중에서 가장 중요하고 뛰어난 '테크'는 인테크라고 주장하고 싶다.**

다시 성서 한 구절을 인용하고자 한다. 이 역시 종교적인 관점에서 보지 않더라도 우리에게 적용이 가능한 지혜이다.

> 의인의 열매는 생명나무라 지혜로운 자는 사람을 얻느니라.
> (구약성서 잠언 11장 30절)

이 말의 의미를 좀 더 분명하게 전달하기 위해 연금술사가 강의 시간에 자주 인용하는 예화를 하나 더 소개하기로 한다. 탈무드라는 유태인의 오래된 지혜서에 담긴 내용이다.

예루살렘에서 멀리 떨어진 곳에 살고 있는 어떤 현명한 유태인이 자기 아들을 예루살렘에 있는 학교에 유학시켰다. 그런데, 아들이 예루살렘 학교에서 공부하고 있는 사이에 부친은 중병에 걸려, 죽기 전에는 아들을

못 볼 것 같아 유서를 남겼다. 유서의 내용은 자기의 모든 재산을 한 하인에게 물려주고 아들이 원하는 것 한 가지만은 아들에게 주도록 하라는 내용이었다.

마침내 부친이 세상을 뜨자. 그 집 하인은 자기에게 행운이 돌아왔음을 기뻐하며 예루살렘의 주인 아들에게 달려가 부친이 돌아가셨다고 전하였다. 그리고 유서를 보여주자, 아들은 매우 놀라고 크게 슬퍼하였다.

아버지의 장례를 마친 아들은 앞으로 어떻게 하면 좋을 것인가를 곰곰이 생각한 끝에 그는 랍비를 찾아가 전후 사정을 설명하였다.

"아버지는 어째서 재산을 조금도 남겨 주시지 않았을까요? 지금껏 나는 아버지를 실망시킨 적이 없는데요."

아들이 불평을 하면서 돌아가신 아버지를 원망하였다.

"천만에 그렇지 않소. 당신 부친께서는 매우 현명한 분으로 당신을 진심으로 사랑하셨소. 이 유서를 살펴보면 부친의 마음을 잘 알 수가 있소"라고 랍비는 말했다.

그러자 아들은 "하인에게 모든 재산을 물려주고 자식에게는 아무것도 남겨 주시지 않았습니다. 자식에 대한 애정이라고는 조금도 없는 분이 한 어리석은 행동으로 밖에는 생각되지 않습니다"하고 원망스럽다는 듯이 말했다.

"당신도 부친과 같이 현명하게 머리를 써야 하오. 당신이 부친의 참뜻을 이해한다면, 당신에게 훌륭한 유산을 남긴 것을 알 수 있을 것이요."

만일 여러분들이 아들의 경우라면 유서의 참뜻을 어떻게 이해하겠는가?

랍비는 이렇게 설명했다.

"당신의 부친은 운명할 때 당신이 집에 없었기 때문에, 하인이 재산을 가지고 도망치거나, 재산을 다 탕진해 버리거나, 심지어는 자기의 죽음마저도 당신에게 전하지 않을 것을 염려하여 모든 재산을 하인에게 주신다고 한 것이오. 모든 재산을 하인에게 주게 되면, 그는 기뻐서 당신에게 달려가 그런 사실을 알릴 것이고, 재산도 소중하게 간직할 것이라고 생각한 것이오."

"하지만 그것이 내게 무슨 소용이 있습니까?"

아들이 묻자, 랍비는 답답하다는 듯이 말했다.

"역시 젊은이라 지혜가 모자라는군요. 하인의 재산은 전부 주인에게 속한다는 사실을 당신은 모르오? 당신의 부친께서는 당신이 원하는 것 한 가지만은 당신에게 물려준다고 분명히 말씀하셨소. 그러니까 당신이 그 하인을 소유한다고 하면 그것으로 모든 재산은 당신의 것이오. 이 얼마나 현명하고 애정이 깊은 생각이오."

뒤늦게 아버지의 참뜻을 깨달은 젊은이는 랍비가 가르쳐 준 대로 한 다음, 그 하인은 해방시켜 주었다. 그 후 젊은이는 항상 '역시 나이 많은 사람의 지혜는 따라갈 수가 없다'고 말하곤 하였다.

위의 이야기에서도 우리는 아버지의 모든 재산보다 그 재산을 지키고 관리해 주는 하인 한 사람을 얻는 것이 훨씬 중요하다는 지혜를 우리에게 보여 주고 있다.

독자들이 혹시 너무 종교적인 인용문들이라는데 꺼리는 마음이 든다면 다음의 인용문을 하나만 더 보아 주기 바란다. 이번에는 중국 고전에 나오는 내용이다.

유방은 천하를 통일한 후 이렇게 말했다.

"장막 안에서 계책을 세워

> 천리 밖에서 승리를 거두게 하는 데 있어서
> 나는 장량(張良)만 못하다.
>
> 국가의 안녕을 도모하고 백성을 사랑하며
> 군대의 양식을 대주는데 있어
> 나는 소하(蕭何)만 못하다.
>
> 백만 대군을 이끌고 나아가
> 싸우면 이기고 공격하면 반드시 빼앗는데 있어
> 나는 한신(韓信)만 못하다.
>
> 하지만 나는 이들을 얻어
> 그들의 능력을 충분히 발휘하도록 해주었다.
> 바로 이것이 내가 천하를 얻은 까닭이다."

초한지에 나오는 내용이다. 이 정도면 독자도 재테크도 시테크도, 그리고 휴테크나 그 어떤 다른 테크닉도 사람을 얻는 인테크에 못 미친다는 연금술사의 주장에 충분히 동의하리라고 본다.

그렇다면 이제는 '어떻게 하면 사람을 얻을 수 있을까?'를 생각해 볼 차례이다. 즉, 인테크의 구체적 내용을 탐구해야 하는 것이다.

물론 이 부분에 대해서도 이미 많은 전문가들과 연금술의 고수들 이 다양하고 많은 지혜와 요령, 테크닉 등을 책을 통해 소개해 왔다. IQ나 EQ에 대비되는 말로서 NQ(Networking Quotient)라는 용어까지 동원되기도 했다. 즉, 인맥을 잘 쌓는 능력이 필요하다는 의미의 신조어이다.

그런데 필자가 새삼스럽게 어떤 새로운 가치 있는 독창적 인테크를 독자들에게 제공할 수 있을까? 나름대로 고민했는데, 여기서 과감한 시도를 하나 해야겠다. 이미 이 책의 마지막 장까지 온 상황에서 필자가 성서와 기독교적 사상에 많은 영향을 받은 사람임을 독자는 이미 눈치 챘을 것이다. 그래서 내친 김에 본색(?)을 드러내는 한이 있더라도 본격적으로 성서의 이야기를 동원하여 이 장과 이 책을 함께 마무리하고자 한다. 여기까지 읽어 준 독자의 너그러운 양해를 기대하면서 ······.

성서에는 조물주가 인간을 창조한 데는 분명한 목적이 있다고 주장하고 있다. 그리고 그것은 놀랍게도 '조물주 자신의 영광을 위해서'라고 밝히고 있다(구약성서 이사야 43장 7절 참조). 이에 따르면 인간은 어떻게 하면 자신의 존재 목적을 달성할 수 있을까? 라는 의문에 대한 답은 '조물주의 영광을 드러내야 한다'로 귀결이 된다. 다시 질문이 생긴다. 그러면 우리가 어떻게 해야 조물주의 영광이 드러나지? 이에 대한 답은 신약성서에 와서 예수 그리스도가 제시하고 있다. "너희가 열매를 많이 맺으면 내 아버지께서 영광을 받으실 것이요 너희는 내 제자가 될 것이다(신약성서 요한복음 15장 8절 참조)." 질문은 계속 꼬리를 문다. 예수께서 말하는 열매란 무엇을 의미하는 걸까? 이에 대한 답은 예수의 사후(死後) 제자이자 기독교의 가장 위대한 전도자였던 바울이 제시한다. 조물주가 원하는 열매는 두 가지가 있다. 첫째는 내적 열매, 혹은 인격의 열매인데 사랑과 희락과 화평과 오래 참음과 자비와 양선과 충성과

온유와 절제 등과 같은 것들이라고 한다(신약성서 갈라디아서 5장 22절 참조). 그리고 또 다른 열매는 외적 열매, 혹은 사람의 열매인데 나 혼자만 이런 내적 열매를 맺어서 예수의 모습을 닮아갈 것이 아니라 다른 이에게도 복음을 전파하여 저러한 열매들을 맺도록 도와주는 것, 즉 제자를 육성하는 것을 의미한다고 한다(신약성서 골로새서 1장 6절 참조).

그렇다. **영원한 인테크는 다름 아닌 열매를 맺는 것**이다. 내가 먼저 성숙한 인간으로 성장해 가는 열매를 맺어야 하고(이 책 앞에서 요즘 유행하는 '욘족'이란 말을 소개한 것을 상기하기 바란다), 그 다음에는 다른 사람들도 나와 같이 그렇게 성숙해 가도록 도와주는 열매를 맺어야 하는 것이다.

요점은 이렇다. 이렇게 내가 **매일의 일상 속에서 만나는 한 사람한 사람이 천하보다 소중하다는 믿음으로 대하고 그의 니즈를 충족하도록 돕는 것이 나의 존재 목적이라는 신념이 내 안에 확고하다면, 나의 인테크는 저절로 완성되는 것이 아닐까?** 이 책을 끝까지 읽어준 소중한 당신, 풍성한 열매 맺는 골드칼라가 되시기를 두 손 모아 기원한다.

그대에게 주어진 보물은 바로 다름 아닌 당신의 가족과 동료와 이웃이다!!

나의 발밑에서 발견한
또 하나의 보물_

나는 이 책 본문의 마지막을 다음의 문장으로 마무리 했다.

그대에게 주어진 보물은 바로 다름 아닌 당신의 가족과 동료와 이웃이다!!

그런데 이 책의 원고를 출판사에 넘긴 후 교정을 하는 와중에 또 다른 귀중한 보물을 하나 더 발견했다. 그것은 『시크릿』이란 책을 통해서였는데, 한 마디로 말해서 그것은 말 그대로 마술램프와 같은 것이었다. 또 무슨 황당한 이야기를 하려고 하는가 하고 의아해 할 테지만 우선 내가 최근에 쓴 일기의 일부를 소개하련다.

제목 : 정말 놀랄 일이다.

정말 마음먹은 대로 내 인생을 장식해 나갈 수가 있다! 얼마나 멋진가? 내가 그 동안 아이들을 키우며 세상이 그리 녹녹하지 않다고 가르친것은 정말 잘못된 것이었다. 세상이 나의 지배 하에 있음을 너무도 몰랐던것이다.

어제 내가 맘먹은 대로 조카들이 우리 집에 다녀갔다. 오랜만에 누님 부부도 만났다. 친척들과 좋은 관계를 맺는다는 것이 이렇게 쉬울 줄은 몰랐다. … 중략 …

　조카들을 보내놓고 우리 부부는 이웃집과 어울려 스크린 골프를 갔다. 벌써 두 번이나 져서 내 자존심이 상처를 입었던 강한 상대들이다. … 중략 … 그런데 내가 어제는 정말 완벽하게 모두를 깨고 1등을 한 것이다. 별 다섯 개짜리 가장 어려운 코스 중 하나인 프리스틴밸리에서의 18홀 스코어 75타! 나로선 꿈의 기록이다.

　사실 나는 무엇보다 내 마인드가 확 바뀌었기 때문에 아무리 지더라도, 혹은 플레이가 형편없을지라도 마음의 여유를 갖고 불평하지 않으면서 플레이를 할 자신감을 가지고 갔었던 것이다. 그런데 이런 마음의 여유가 결국 놀라운 경기력 향상을 가져온 것이다! 내가 이 '비밀'을 깨달은 뒤 지금까지 골프 내기를 세 번 한 셈인데 세 번 다 이기는 결과를 가져온 것이다! 말 그대로 '이기는 습관'이 들기 시작한 모양이다. 아, 이렇게 놀라울 수가! 평생 내기만 하면 80%는 지면서 살아왔던 내가 아닌가?

　그래. 이제 세상은 내가 마음먹은 대로 되어 갈 것이다. 그래서 나는 엄숙한 책임과 의무가 있다. 내가 바르고 좋은 맘을 먹어야 세상이 제대로 굴러 갈 테니까 말이다. 남들은 내가 과대망상증에 빠졌다고 생각하겠지. 그러나 나의 우주는 내가 만들어가는 것이다. 내가 나의 우주의 주인이다. 우주의 모든 거대한 힘은 내가 맘먹은 대로 움직여 줄 것이다. 나의 이 믿음은 날로 날로 굳어져가고 있다. 내 주변에서 수많은 증거들이 나를 더욱 확신하게 해 주고 있지 않은가?

　날씨가 계속 변덕을 부렸는데. 오늘은 날이 화창하다. 공기 중에 먼지도 다 씻겨나가고 정말 예전의 전형적인 가을의 청명함을 만끽할 수 있는 날이다. 그리고 이런 날이 우리 부부가 제주도 다녀올 때까지 계속될 것이다. 나의 우주 안에서는 날씨도 내가 결정한다! 으하하하! (이 일기는 2007년 9월 23일에

썼는데 실제로 제주도에 갔던 26일과 27일은 정말 내가 지금까지 제주도를 방문했던 수십 번의 기회 중 가장 화창했다. 나는 처음으로 한라산이 한라봉처럼 생긴 걸 알았으니까 말이다.)

새삼 일기의 묘미를 느낀다. 내가 누구 앞에서 이런 큰소리를 칠 수 있겠는가? 심지어 내 마누라 앞에서도 이렇게 큰소리치다간 정신병자로 몰릴 위험이 있지 않은가? 이 일기장 덕분에 나는 나만의 사유 세계 속에서 마음껏 상상의 나래를 펼칠 수가 있구나! 그리고 이렇게 구체적인 언어로 표현하는 것은 그저 마음으로 상상만 하는 것과는 비교가 안 되는 엄청난 힘을 발휘할 수 있을 것이다.

자, 오늘은 또 어떤 기적들이 벌어질지 기대가 된다. 특별히 예정된 스케줄은 없다. 멋진 일들이 벌어질 것을 기대하며 하루를 시작하자.

(2007-09-23 08:56:07 AM)

정말 독자 앞에서 나는 홀라당 옷을 벗는 심정으로 이런 일기까지 공개한다. 내가 발견한 보물 - 알라딘의 램프와 같은 보물은 다름 아닌 "내가 마음먹은 대로 세상은 움직인다"는 신념을 가지고 살아가는 것이다. 다시 말하면 내가 불평하면 계속 나의 인생은 불평거리가 몰려오게 되어 있고, 내가 범사에 감사하고 기뻐하면 내 삶은 감사할 '꺼리'들과 기뻐할 일들이 점점 더 넘쳐나게 되는 것이 누구도 거역할 수 없는 엄숙한 우주의 법칙이라는 사실을 깨닫는 것이 바로 나와 여러분의 보물이라는 말이다.

솔직히 이 연금술사는 이 한마디면 될 것을 너무 쓸데없는 사설

들을 이 책에 잔뜩 늘어놓았다는 후회가 들기도 한다. 하지만 이 단순한 우주의 법칙을 여러분이 자신의 신념체계 안에 확고히 하기까지는 시간이 걸릴 것이다. 그 시간을 단축하는 하나의 매개체로 이 책이 얼마간의 역할을 하기를 기대하면서 에필로그를 마무리하고자 한다.

2007. 10. 4
분당 사무실에서
연금술사 황재일

지 _ 은 _ 이 _ 소 _ 개

황재일 ji@bestlearning.co.kr

_ 고려대학교 경제학과 졸업
_ 연세대학교 경영학과 석사(국제경영 전공)
_ 현 베스트러닝 대표

_ 한국 IBM 전문위원/ 부장
_ CJ 드림소프트 상무이사
_ 하이프로컨설팅 부사장 역임

저서

『기획력 통신 교재』 (표준협회, 2005)
『IBM의 한국적 정보전략 수립 방법론』 (나경문화사, 1997)